교육
대통령을
위한

직언직설

교육
대통령을 위한

직언직설

현장에서

제안하는

공교육 살리기

어젠다

이
기
정 지
음

책머리에

1. 교육이 바뀌려면 결국 사회구조가 바뀌어야 한다고 말하는 분들이 많습니다. 물론 교육은 사회의 종속변수입니다. 사회구조의 개혁 없이 교육문제의 온전한 해결은 어렵습니다. 이는 당연한 말입니다. 공고한 대학서열체계가 초·중등 교육에 끼치는 영향력은 매우 큽니다. 대학서열이 완화되어야 교육문제가 온전히 해결될 수 있습니다. 이 또한 너무나 당연한 말입니다.

사회개혁이 이루어져야 온전한 교육개혁이 가능하다는 말은 분명 진실일 것입니다. 하지만 지금의 사회적 조건에서도 교육개혁이 이루어질 수 있다는 말 또한 진실이라 생각합니다. 100까지의 발전이 목표라면 사회구조의 개혁이 전제되어야 하겠지만 50이나 60 정도까지가 목표라면 사회구조의 개혁 없이도 교육개혁은 얼마든지 가능하다고 생각합니다. 대학서열체계가 완화되어야 초·중등 교육문제가 해결될 수 있다는 말은 분명한 진실입니다. 하지만 지금의 대학서열체계에서도 초·중등 교육문제는 상당부분 해결될 수 있다고 생각합니다. 100이 아니라 50~60 정도의 문제 해결을 1차적인 목표로 삼는다면 말입니다.

이 책은 이러한 문제의식 속에서 집필되었습니다.

그리고 우리가 명심해야 할 것이 있습니다. 사회가 개혁되고 대학서열체계와 입시경쟁이 완화되었다고 해서 공교육이 저절로 살아나는 것은 아니라는 사실입니다. 불공정한 사회구조와 과도한 대학서열체계는 공교육의 커다란 장애물이지만 그 장애물이 없어진다고 해서 공교육이 저절로 좋아지는 것은 아니라는 얘기입니다.

사람들은 흔히 불공정한 사회구조와 과도한 대학서열체계로부터 비롯되는 치열한 입시경쟁 때문에 공교육이 창의력 교육을 제대로 못하는 것처럼 말합니다. 치열한 입시경쟁이 사라지면 공교육이 창의력 교육을 아주 잘할 것처럼 말하기도 합니다. 과연 그럴까요?

저는 그렇지 않을 거라 생각합니다. 창의력을 기르는 교육은 입시교육보다 훨씬 더 차원이 높은, 그래서 더 큰 능력이 요구되는 교육입니다. 설사 그동안 공교육이 입시교육을 잘해왔다 하더라도 창의력 교육은 제대로 못할 수 있습니다. 그런데 입시교육에서 형편없이 무능했던 공교육이 갑자기 창의력 교육을 잘할 수 있을 거라 말하는 것은 앞뒤가 맞지 않습니다.

입시경쟁이 사라져도 지금의 공교육은 계속해서 무기력할 수 있습니다. 불공정한 사회구조가 개혁되고 과도한 대학서열체계가 완화돼도 공교육은 계속해서 무능할 수 있습니다. 우리는 사회구조 개혁과 대학서열체계의 완화를 위해 노력하는 것과 별개로 공교육 자체의 과감한 개혁을 위해서도 노력해야 합니다.

이 책은 이러한 문제의식에서 집필되었습니다.

2. 이 책의 제목은 '교육대통령을 위한 직언직설'입니다. 올해 있을 대선에서 교육을 자신의 운명적 과업으로 삼은 대통령이 탄생하기를 소망하는 마음에서 붙인 제목입니다. 교육이 대선의 중요한 화두로 부각되기를 바라며 붙인 제목입니다.

그런데 교육이 과연 이번 대선의 화두가 될 수 있을까요? 당연한 얘기지만 그것은 국민에게 달려 있습니다. 국민이 교육문제의 해결을 강렬하게 희망한다면 대선주자들은 앞다투어 스스로를 교육대통령으로 자리매김하려 할 것입니다. 국민들이 난무하는 교육정책의 옥석을 가릴 안목을 가지고 있다면 대선주자들은 제대로 된 교육정책을 개발하기 위해 최선을 다할 것입니다. 결국 교육대통령을 만드는 것은 국민인 것입니다. 그러니 이 책은 한편으로 교육대통령을 만들기 위해 국민들께 드리는 직언직설이기도 합니다.

이 책은 강연문의 형식을 취하고 있습니다. '인문까페 창비'에서 한 강연이 집필의 중요한 계기가 되었기 때문입니다. 물론 이 책의 상당부분은 책을 쓰는 과정에서 새로 더해진 내용입니다. 하지만 문체의 통일을 위해 모두 강연문 형식을 취했습니다. 이 책에는 제가 정기적으로 기고해온『한국일보』의 칼럼 내용도 여러편 들어 있는데, 이 또한 다시 손보면서는 강연문의 형식을 취했습니다.

여러 강연의 내용이 상대적으로 많이 반영된 부분은 1부와 2부입니다. 1부와 2부에서 제시한 정책은 제가 기회 있을 때마다 반복해서 강조하는 것들입니다. 그만큼 중요하게 생각하는 정책들이지요. 물론 정책의 우선순위에 대한 저의 생각은 조금씩 달라지고 있습니다.『교육을 잡는 자가 대권을 잡는다』(2011)에서는 '학급당 학생 수 20명 이하로의 감축'을 두번째로 중요한 정책으로 제시했었습니다. 하지만 여기서는 우선순위를 뒤로 하여 다른 정책들과 함께 3부에 묶었습니다. 지금 당장 학급당 학생 수를 20명 정도로 감축하려 하면 예산의 부담이 굉장히 클 수 있다는 점을 고려했기 때문입니다. 그리고 시간을 두고 학령인구의 자연감소 현상을 활용하여 감축하는 것이 현실적인 방안일 수 있다고 생각했기 때문입니다.

지금까지 저는 교육을 개혁할 실질적인 교육정책을 다루는 책들을 써왔습니다. 이 책은 제가 그동안 해온 생각과 제안들의 연장선상에서 한 발짝 혹은 반 발짝씩 나아온 결과물입니다. 간혹 정책의 내용과 그에 대한 설명이 이전 책들과 겹치는 것은 그런 까닭입니다.

3. 책을 쓰다보니 강연 기회가 종종 있었습니다. 저로선 모두가 의미있는 자리였지만 백낙청 선생님께서 불러주신 두번의 강연은 더욱 그랬습니다. 그리고 그 강연이 기회가 되어 이렇게 '창비'에서 책을 출간하게 되었습니다. 백낙청 선생님은 책의 내용에 대해 조언해

주시고 깊은 관심을 보여주셨습니다. 선생님의 관심과 조언은 저에게 큰 기쁨과 자부심을 주었습니다. 고개 숙여 감사의 인사를 올립니다.

저의 책이 누군가에게 높이 평가받는다는 것은 대단히 기쁘고 감사한 일입니다. 곽노현 서울시교육감은 저의 책들을 높게 평가하고 제가 제시한 정책들에 깊은 관심을 보여주셨습니다. 교육에 대한 저의 생각을 더 잘 살려보라고 교육정책에 대해 공부하고 토론하고 연구할 수 있는 기회까지 만들어주셨습니다. 이 책의 집필은 그러한 소중한 기회가 있었기에 가능했습니다. 깊이 감사드립니다.

적어도 제게는 책을 쓰는 일은 참으로 고단하고 어려운 일입니다. 이 책을 쓸 땐 특히 더 그랬습니다. 책을 쓰는 내내 "나 이러다 죽겠어"라는 말을 달고 살았습니다. 아내는 그런 저를 항상 따뜻하게 위로해주었습니다. 그러면서도 날카롭고 냉혹하게 원고를 검토해주었습니다. 아내에게 고맙다는 말 전하고 싶습니다.

창비 염종선 국장의 조언이 있었기에 이 책은 초고의 허점들을 고치고 메울 수 있었습니다. 원고를 꼼꼼히 살펴 고쳐주신 김정혜 위원에게도 감사의 인사 전합니다.

2012년 8월

이기정

1

내신제도, 무엇이 문제인가

현 내신제도의 특징

우리나라의 학교 시험은 살벌합니다. 시험이 시작되기 한참 전부터 교무실 출입문에는 경고문이 나붙기 시작합니다. '학생 출입금지, 시험문제 출제 중', 대략 이런 경고문입니다. 교무회의 시간에는 교사가 시험감독을 할 때 지켜야 할 규정이 여러번 반복해서 얘기됩니다. 그리고 학생들의 부정행위를 방지하기 위한 수많은 '작전 지시'가 하달됩니다. 교사감독 유의사항이 빼곡히 적힌 문건을 보면 교사들이 유의해야 할 사항이 족히 수십가지가 넘습니다.

학교에서는 학생들의 부정행위를 방지하기 위해 온갖 방법을 강구합니다. 서로 다른 학년의 학생들을 반반씩 섞어 시험을 보는 방법, 한반 학생들을 둘로 나누어 별개의 교실에서 시험을 보는 방법 등 다양한 방법이 시행됩니다. 한 교실에 두명의 감독교사가 들어가는 것은 기본입니다. 학생들이 교과서나 커닝페이퍼를 서랍에 넣어두지 못하게 하려고 책상을 전부 돌려놓기도 합니다. 교육의 냄새라고는 조금도 나지 않습니다. 학교 시험은 교육이 아니라 입시입니다. 그것도 살벌한 입시입니다.

그래서 이런 일도 생깁니다. 몇해 전 B중학교에서 근무하던 K선생님이 제게 해준 얘기입니다.

B중학교는 휴대폰을 가방 속에 넣고만 있어도 부정행위로 간주하여 그 시간의 시험을 0점 처리했습니다. 수능시험과 똑같이 말입니다. 학생들을 겁주는 선에서 그치는 것이 아니라 실제로 그렇게 시행했다고 합니다. 그런데 하루는 K선생님이 시험감독을 하는 도중에 한 학생의 휴대폰이 울리고 말았습니다.

일단 휴대폰이 울린 이상 그대로 넘어갈 수는 없었습니다. 시험중 휴대폰이 울린 학생의 시험점수를 0점 처리한 일이 그전에 여러번 있었는데 자기만 규정을 무시하고 넘어갈 수는 없었기 때문입니다. 그런데 아무리 얘기해도 휴대폰의 주인이 나서지 않았습니다. 결국 범인을 찾기 위해 모든 학생의 소지품을 검사할 수밖에 없었는데, 휴대폰을 가진 학생이 8명이나 나왔다고 합니다. 그 8명의 학생들은 학교 규정에 의해 그날 시험이 모두 0점 처리되었습니다. 규정에 따른 어쩔 수 없는 행위였지만 K선생님은 이 일로 무척이나 괴로워했습니다. 과연 자신이 한 일이 옳은 것인지, 그렇게까지 해야만 하는 일인지……

괴로워하면서 K선생님은 핀란드 학교 얘기를 했습니다. 핀란드 학교의 시험 장면이 TV에 방영된 걸 본 것 같습니다. 대략 이런 내용입니다.

학생들이 열심히 시험문제를 풀고 있습니다. 교사는 조용히 앉아 학생들을 지켜봅니다. 문제를 풀던 학생 하나가 시험지를 가지고 나와 교사에게 도움을 요청합니다. 문제가 풀리지 않는다고요. 교사는 이러이러한 방식으로 풀어보면 어떻겠느냐고 조언을 해줍니다. 교사의 조언을 받고 문제를 푼 학생이 매우 좋아합니다.[1]

우리나라 학교의 시험 장면과는 달라도 너무나 다른 모습이지요.

최근엔 학교 시험과 관련한 제 아내의 고민을 들은 적이 있습니다. 아내의 학교는 답안지에 빨간펜으로 체크만 해놓고 컴퓨터용 펜으로 정식 마킹을 하지 않으면 0점 처리하기로 규정을 정했습니다. 다른 학교에서도 흔히 있는 일입니다. 아시다시피 컴퓨터용 펜으로 정식 마킹을 하지 않으면 채점기계가 정답을 읽지 못해 오답 처리를 하게 됩니다. 빨간펜으로 100점짜리 답안을 만들었어도 컴퓨터용 펜으로 마킹을 하지 않으면 0점이 되는 것입니다.

물론 선생님들은 학생들에게 여러번 주의를 주었습니다. 하지만 결국 컴퓨터용 펜으로 정식 마킹을 하지 않은 사건이 발생했습니다. 그 학생은 0점을 받았다고 합니다. 학부모의 항의가 매우 거셌지만 어쩔 수 없었습니다. 규정이 그런데 학부모가 항의한다고 그 학생만 예외로 할 수는 없는 것이니까요.

아내는 그 문제로 꽤 고민을 많이 했습니다. 그렇게 하는 게 과연 교육적인 것인지 깊은 회의가 들었다고 합니다. 물론 아내만 고민을 한 게 아닙니다. 여러 선생님들도 많은 고민을 했다고 합니다. 하지만 규정은 규정이니까 지키지 않을 수 없었습니다.

그까짓 것 그냥 점수를 주면 되지, 뭐 그렇게 까다롭게 구냐고 생각할 수 있습니다. 하지만 현행 내신제도에서 도중에 규정을 바꾸어 이 학생의 점수를 올려주는 것은 다른 학생의 점수를 깎는 것이나 마찬가지 일이 됩니다. 학교 시험이 곧 입시 역할을 하는 상황에서 특정 학생에게만 어떤 이익을 제공하는 것은 곧바로 다른 학생의 손해로 연결되기 때문입니다. 규정을 어겨가며 이런 일을 하게 되면 당연히 다른 학부모의 항의를 불러일으킵니다.

핀란드와 우리나라는 왜 이리 다를까요? 핀란드의 학교 시험과 달리 우리나라의 학교 시험은 교육으로서의 역할보다 입시로서의 역할에 충실하기 때문입니다. 그래서 대한민국 학교의 시험 장면은 살벌할 수밖에 없습니다.

현재 시행 중인 우리나라 학교 내신제도의 특징은 이렇게 살벌한 시험을 통해 학생 전체를 일렬로 줄 세우는 데 있습니다. 고등학교는 인문계와 자연계로 나누기도 하고 선택 과목별로 나누기도 하는 등 상황이 더 복잡합니다만, 기본적인 내용은 가급적 학년 전체 학생을 동일한 시험을 통해 줄 세우기를 한다는 것입니다.

'동일한 평가'라는 말에 유의해주십시오. 현 내신제도에서는 이를테면 한 학년 10개 반의 수업을 서너명의 교사가 나누어 담당해도 시험만은 반드시 동일해야 합니다. 그런데 시험이 동일하기 위해선 수업내용이 전반적으로 비슷해야 하고, 수업에 사용하는 교재 또한 동일해야 합니다. 결국 현 내신제도는 다음 세가지 동일성을 필연적으로 요구합니다.

수업내용의 동일성·수업교재의 동일성·평가(시험문제)의 동일성

이 세가지 내용을 핵심으로 하는 내신제도는 여러가지 문제점을 발생시킵니다. 물론 그 문제점들은 서로 연관되어 있고, 중첩되는 측면도 있습니다. 하지만 문제를 분명히 드러내기 위해 각각의 사안을 따로따로 살펴보겠습니다.

문제점 1: 획일화된 수업

학교에서는 전체 학년을 몇명의 교사가 몇개 반씩 분담하여 수업을 합니다. 국·영·수 등의 교과는 거의가 그러합니다. 그런데 앞서 말했듯이 내신제도는 세가지 동일성을 요구합니다.

이 상황에서 어느 교사 한 사람이 기존의 수업과는 다른 새로운 수업을 시도한다고 생각해보십시오. 예컨대 국어교사 홍길동 선생이 매달 학생들에게 소설을 한권 읽게 한 다음 토론하는 수업을 진행합니다. 알다시피 학교 수업은 대부분 주어진 교과서를 분석하고 해설하는 수업입니다. 국어수업 또한 마찬가지입니다. 그런데 홍길동 선생이 그런 수업관행을 벗어나 새로운 수업을 시도한 것입니다. 어떤 일이 벌어질까요?

무엇보다 학생들이 그런 수업을 좋아하지 않습니다. 좋아하기는

커녕 온갖 불만을 토로하게 될 가능성이 큽니다. 책 한권을 통째로 읽고 토론하는 수업이 낯설어서만은 아닙니다. 수능시험과 논술고사에 아무런 도움이 되지 않기 때문은 더더욱 아닙니다. 매달 소설 한권을 통째로 읽고 토론하는 수업은 수능시험과 논술고사에 상당한 도움을 줄 수 있습니다.

학생들이 이런 수업을 꺼리는 가장 큰 이유는 학교 시험 때문입니다. 학생들은 그런 방식의 수업이 학교 시험에 아무런 도움이 되지 않는다는 것을 알고 있습니다. 다른 선생님들은 그 시간에 교과서를 분석하고 해설하는 수업을 할 것입니다. 시험은 그런 수업에 맞추어 출제될 것이 분명합니다. 이것은 경쟁자인 다른 반 학생들이 시험과 관련된 수업을 받을 때 자신들은 시험과 아무런 관련 없는 수업을 하고 있다는 얘기가 됩니다. 결국 홍길동 선생이 담당한 학급의 학생들은 학교 시험에서 현저히 불리한 위치에 처하게 됩니다. 내신성적을 둘러싼 경쟁은 같은 학교 학생들끼리의 제로섬 경쟁이니까요.

그러니 학생들이 홍길동 선생의 수업을 좋아한다면 오히려 그것이 이상한 것입니다. 좋고 싫고를 떠나 학생들은 불안할 수밖에 없습니다. 이런 수업이 수능·논술시험에 도움이 될 수 있다는 주장은 조금도 위안이 되지 않습니다. 학생들에게 일단 중요한 것은 눈앞의 학교 시험이니까요. 학생들이 불안해한다는 것은 교사에게 엄청난 부담으로 작용합니다. 교사가 이 부담을 이겨내기란 사실상 불가능합니다.

물론 홍길동 선생이 자신이 담당한 학급의 학생들이 불이익을 당하지 않도록 새로운 형식의 시험문제를 출제하려고 노력할 수는 있습니다. 예컨대 수업시간에 읽은 책의 감상문을 쓰게 하는 논술식 문제를 출제하는 것입니다. 하지만 그렇게 하면 다른 교사들의 처지가 매우 곤란해집니다. 자신들은 지금까지 교과서를 분석하고 해설하는 수업만을 해왔는데 뜬금없이 그런 시험문제를 내면 어쩌란 말입니까? 학생들의 거센 항의에 시달릴 게 분명한데요.

홍길동 선생이 미리 학년 초에 자신과 동일한 수업을 하도록 다른 선생님들을 설득할 수도 있습니다. 하지만 그게 그렇게 쉬운 일이 아닙니다. 단 한명이라도 설득하지 못하면 모든 게 허사입니다. 게다가 해가 바뀌면 설득해야 하는 교사가 바뀝니다. 해마다 그런 설득을 되풀이해서 성공시키기란 불가능입니다.

여기서는 제가 홍길동 선생을 긍정적으로 묘사했지만 교사사회의 관점에서 보면 홍길동 선생은 이상한 사람입니다. 느닷없이 기존 관행과는 완전히 다른 방향의 수업과 시험을 시도하면 도대체 어쩌란 말입니까. 다른 사람의 처지는 조금도 생각해주지 않는 처사가 아닐까요.

그리고 설사 홍길동 선생이 다른 교사들을 잘 설득해 새로운 방식의 수업을 함께하자고 의견을 모았어도 여전히 난관은 남습니다. 교사들은 제각각 자기가 잘하는 방식으로 수업을 하고 싶을 것입니다. 소설의 선정도 교사마다 다를 수 있습니다. 하지만 교사들이 상당한 자율성을 가지려 하는 순간 학교 시험의 동일성이란 장벽에 직면하게 됩니다. 시험의 동일성을 위해서는 수업내용이 얼추 비슷해야 하기 때문입니다.

결국 이러저러한 난관에 부딪혀 학교의 수업과 시험은 기존의 관행을 벗어날 수 없습니다. 우리나라 학교 수업에서는 주어진 교과서를 분석하고 해설하는 일방적인 강의식 수업 외에는 다른 수업이 존재하기 어렵습니다. 몇몇 교사들이 때때로 새로운 수업을 시도하기도 하지만 결국은 그들도 머지않아 주어진 교과서를 해설하고 분석하는 강의식 수업으로 돌아오게 됩니다.

그렇게 해서 세월이 흐르면 이제 새로운 수업을 꿈꾸던 교사들도 결국 기존의 관행적 수업에 안주하게 됩니다. 그리고 더 세월이 흐르면 새로운 수업을 할 수 있는 능력 자체가 퇴화합니다. 그래서 또 다른 어떤 교사가 새로운 수업을 하자고 제안할 때 그 제안을 선뜻 받아들이지 못하고 오히려 기존의 관행적인 수업을 강력하게 주장하게 되겠지요. 이래서 학교 수업은 획일성에서 벗어나지 못하고 항상 과거의 관행을 되풀이하게 됩니다.

문제점 2: 저차원적 수업

획일화라 해도 높은 차원으로 획일화가 이루어진다면 그나마 나은 일입니다. 하지만 학교 수업의 획일화는 반드시 낮은 차원으로만 진행됩니다.

첫째, 서로 수업의 차원이 다르면 누군가가 양보해서 한쪽에 맞춰줘야 하는데 누가 누구에게 맞추겠습니까? 고차원적인 수업을 하는 교사가 저차원적인 수업을 하는 교사에게 맞출 수밖에 없습니다. 둘째, 모든 교사가 고차원적인 수업을 할 수 있어도 평가의 동일성에 얽매이다보면 낮은 차원의 수업을 할 수밖에 없습니다. 각 교사가 자신의 개성을 희생하고 수업내용을 서로 맞추다보면 수업의 차원이 낮아질 수밖에 없습니다. 저는 그 이유를 이렇게 얘기한 적이 있습니다.

그렇다면 모든 교사가 창의적이고 개성적인 수업을 시도하면 어떨까? 교사들이 합심하여 이런 시도를 한다는 것 자체가 어렵기도 하지만 시도한다고 해도 문제는 남는다. 교사들이 자신의 특기와 개성을 살린 수업을 하면 그 수업은 서로 많이 다르게 된다. 그러나 시험은 내신제도 때문에 모든 학생에게 동일하게 출제해야 한다. 어떤 특정 반에만 이익이 되게 하거나 불이익이 되게 할 수는 없기 때문이다. 결국 시험은 교사들의 다양한 수업내용 중에서 서로 공통되는 부분에서만 출제할 수밖에 없다.

이것은 그대로 교사의 수업에 압력으로 작용해서 교사들로 하여금 서로의 교집합에 해당하는 부분만을 가르치게 만든다. 그리고 교집합이 없으면 교집합을 만들어야 한다.

어떻게 만들 것인가? 결론은 정해져 있다. 학교에서 채택한 교과서를 중심으로 하는 것이다. 결국 지금의 내신제도에서 학교 수업은 필연적으로 주어진 교과서를 해설하고 분석하는 상투적인 수업으로 귀결될 수밖에 없다. 교사들은 자신의 특기와 개성을 살리지 못하고 교과서만을 해설하고 분석하는 상투적이고 평면적인 수업을 할 수밖에 없게 된다. 수업은 단편적 지식의 전달에 머무르게 된다.

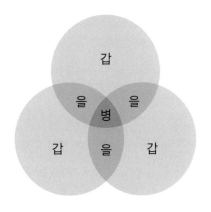

그림을 가지고 설명해보자. 동그라미 하나하나는 한명의 교사가 하는 수업이다. 각각의 교사가 아무런 제약 없이 자신의 능력과 개성을 펼칠 수 있다면 세명의 교사는 **병**과 **을**과 **갑**에 걸치는 수업을 했을 것이다. 평가도 그렇게 했을 것이다. 잠시 오해를 피하기 위해 말하자면 여기서 **병**과 **을**과 **갑**은 수업의 범위만을 말하는 것이 아니다. 수업의 범위라기보다는 수업의 차원 또는 패러다임을 말하는 것이다. 이 경우에 세 사람이 공통적으로 할 수 있는 **병**이 가장 낮은 차원의 수업이고, 한 사람만이 할 수 있는 **갑**이 가장 높은 차원의 수업인 것은 지극히 당연한 것이다.

지금의 내신제도에서는 **을**과 **갑**에 해당하는 패러다임의 수업은 하기가 어렵다. 특히 **갑**에 해당하는 수업은 하기가 너무 어렵다. 시험은 오직 세 사람이 공통으로 수업하는 **병**부분에서만 출제되기 때문이다. 물론 시험과 관계없이 **을**과 **갑**을 수업하는 용기있는 교사도 없는 것은 아니다. 그러나 그런 교사의 수업은 현재의 내신제도에서는 학생들에게 불안감을 줄 뿐이다.

결국 시간이 흐를수록 학교 수업은 가장 낮은 차원의 수업인 **병**에서 벗어나지 못하게 되는 것이다. 그리고 교사들의 능력도 점차로 **병** 수준에 맞게 후퇴하는 것이다.[2]

문제점 3: 노예 시험, 객관식 시험

내신제도는 학교 시험마저도 저차원적으로 획일화합니다. 고차원적인 시험문제는 존재하기 어렵습니다. 논술식 시험은 꿈도 꾸기 어렵습니다. 그러다보니 학교 시험은 대부분 객관식입니다. 진정한 의미의 논술식 시험은 전무합니다. 논술식 문제는 단 한명의 교사만 곤란하게 생각해도 출제하기 어렵습니다.

전체 학생을 엄밀하게 줄 세우는 시험에서 논술문제를 채점한다는 것은 교사들에게 매우 큰 부담입니다. 학생과 학부모의 수많은 이의제기와 항의를 배겨낼 도리가 없습니다. 논술시험에서는 교사뿐만 아니라 학생들의 주관도 상당부분 작용하게 되니까요. 이런 상황에서 모든 교사들이 논술식 문제의 출제에 동의한다는 것은 사실상 불가능에 가깝습니다.

물론 지금도 학교 시험에 서술형 문제가 나오기는 합니다. 하지만 그것도 형식적으로만 서술형 문제일 뿐 사실은 객관식 문제에 불과한 경우가 많습니다. 암기된 지식을 답으로 요구하는 서술형 문제가 대부분입니다. 채점의 곤란함 때문입니다.

우리나라의 학교 시험이 갖는 문제점 중 하나는 암기된 지식을 지나치게 많이 요구한다는 것입니다. 논술형·서술형 문제를 출제해야 한다는 주장 속에는 학생들을 암기 위주의 공부에서 벗어나게 해야 한다는 문제의식이 있습니다. 그런데 암기된 지식을 정답으로 요구하는 서술형 문제는 학생들을 오히려 더 암기 위주의 공부에 얽매이게 합니다. 내용을 완벽하게 암기하고 있어야 점수를 많이 받을 수 있으니까요. 그럴 바에는 차라리 선다형 객관식 문제를 출제하는 것이 더 바람직합니다.

이러한 객관식 시험은 다시 학교 수업의 차원을 낮추는 식으로 악순환합니다. 학교 시험이 오로지 객관식 시험이기에 교사는 객관식 시험에 맞는 수업을 할 수밖에 없게 됩니다. 학생 또한 그러한 수업을 요구합니다.

우리나라 사람들은 객관식 시험에 너무 익숙하기 때문에 객관식 시험이 교육에 얼마나 큰 폐해를 주는지를 제대로 인식하지 못하는 경우가 많습니다. 하지만 우리가 아는 교육선진국들에서는 학교 시험이 객관식으로 출제되는 경우가 거의 없습니다. 독일 대학에서 교수생활을 하고 있는 한국인 학자의 말을 들어보겠습니다.

나는 독일에서 단 한번도 객관식 시험을 본 적이 없다. 일부러 여러 학생들을 초등학교 1학년부터 관찰해보았지만 객관식 시험은 접할 수 없었다. 또한 잘 아는 독일인들에게 물어보았지만 마찬가지였다. 언젠가 한 친구가 객관식 시험을 치른 경험이 있다고 말했다. 처음 들어보는 말이라서 언제냐고 물었더니, 운전학원이

라고 대답했다. 농담이었던 것이다.[3]

그는 객관식 시험은 학생들을 노예로 만드는 시험이라고까지 말하기도 합니다.

객관식 시험이 학생들에게 요구하고 강요하는 노예의 길은 크게 두가지 기술로 이루어진다. 공부하는 기술이 그 하나요, 시험보는 기술이 그 다른 하나이다. 전자는 주인이 준 것을 충실히 기억하는 기술이요, 후자는 주인이 묻는 것에 충실히 답변하는 기술이다. 실수는 용납되지 않는다. 실수는 처벌로 이어진다. 여기에는 자유로운 개인의 주체적이고 자율적인 인식과 사유가 자리할 여지가 조금도 없다. 모든 것은 오답을 피한다는 목표로 수렴된다. 노예는 주인이 원하지 않는 것은 피해야 한다. 가장 좋은 노예는 주인이 원하는 것을 즉각적으로 내놓는 노예이다. 명령만 입력하면 자동으로 작동하는 기계인간과 같은 노예가 가장 좋은 노예인 것이다.[4]

우리나라의 교사들이라고 객관식 시험을 바람직하게 생각하는 것은 아닙니다. 원론적 차원에서는 대부분 부정적으로 생각합니다. 특히 국어교사 중에는 국어시험을 객관식으로 출제하는 것에 상당한 거부감을 가진 사람이 꽤 있습니다. 하지만 그런 교사들조차도 막상 학교 시험은 객관식으로 출제합니다. 내신제도가 현재의 모습으로 존재하는 한 이런 현상은 영원히 지속될 수밖에 없습니다.

이러한 객관식 시험은 그에 걸맞은 저차원적 수업을 강요하게 됩니다. 객관식 시험과 저차원적 수업이 서로를 합리화하고 강화하면서 지속되는 것입니다.

문제점 4: 단 하나의 수업과정

대한민국 학교가 학생들에게 제공하는 수업은 단 한가지입니다. 그래 놓고 학생들에게 그 수업에 무조건 눈높이를 맞출 것을 요구합니다. 학생이 학교에서 제공하는 수업에 눈높이를 맞추지 못하면 그것은 온전히 학생의 책임이 됩니다.

제가 작년에 3학년 담임을 할 때 보니, 저희 반 학생 중에서 절반 이상의 아이들에게 고3 수학수업은 외계인의 언어로 진행되는 수업이나 마찬가지였습니다. 한편으로 그애들 중에는 수학을 상당히 잘해서 학교 수업에서는 아무런 지적 자극을 받지 못하는 학생도 있었습니다. 이런 학생에게 학교의 수학수업은 자신이 다 아는 것을 확인하는 지루한 시간일 뿐입니다. 물론 수학에서만 나타나는 현상이 아닙니다. 영어수업에서도 수학수업 못지않게 흔히 나타나는 현상입니다. 국어와 과학 등의 교과에서도 상당히 자주 보이는 현상이지요.

하지만 교사들은 이 학생들을 배려할 수 없습니다. 교사들이 불성실하기 때문이 아닙니다. 학교 교육과정 자체가 그렇게 되어 있습니다. 학생들의 학습능력과 학습속도를 조금도 고려하지 않게 되어 있는 것입니다. 참으로 냉혹한 교육과정입니다. 그러나 지금의 내신 제도에서는 달리 어쩔 도리가 없습니다.

문제점 5: 비교육적 평가제도

내신성적을 둘러싼 경쟁은 같은 학교 학생들끼리의 제로섬 게임 입니다. 나의 성적이 오르면 반드시 같은 학교를 다니는 다른 학생 의 성적이 떨어지게 되어 있습니다. 일렬 줄 세우기를 위한 냉혹한 상대평가 때문입니다.

결국 현재의 내신제도는 (다른 학교 학생들은 조금도 경쟁자가 아 닌데) 같은 학교의 학생들을 치열한 경쟁자로 만듭니다. 같은 학년 중에서도 동일 계열 학생들끼리 더 가혹한 경쟁을 하게 됩니다. 동 일 계열 안에서는 동일 과목을 선택한 학생들끼리 더 치열하게 경쟁 해야 합니다.

이러한 관계에서는 함께 노력해 다같이 성적을 올려보자는 생각 이 들어설 여지가 없습니다. 서로 도움을 주고받는 협력관계가 만들 어질 수가 없습니다. 그것이 가능하다고 생각한다면 학교의 시험제 도를 모르는 순진한 생각일 뿐입니다. 냉혹한 상대평가의 학교 시험 어디에 우정과 협동 같은 낭만이 들어서겠습니까. 학교 시험에 교육 의 가치는 조금도 살아 있지 않습니다. 살벌한 입시의 논리만을 따 를 뿐입니다.

문제점 6: 패배자를 필요로 하는 제도

입시의 본질은 합격이 아닌 탈락에 있습니다. 입시는 본질적으로 학생을 떨어뜨리기 위해 존재하는 시험입니다. 어느 대학교의 입학 정원이 2천명인데 5천명의 학생들이 지원하면 어떻게 하겠습니까? 3천명의 학생을 떨어뜨릴 수밖에 없습니다. 입시에는 탈락자, 낙오자가 반드시 있어야만 합니다.

지금 학교 시험이 완전히 이와 같습니다. 현재의 내신제도는 필연적으로 수많은 학생을 낙오자로 만듭니다. 제도 자체가 그것을 강제합니다.

제 둘째아이는 서울 강북의 평범한 고등학교 1학년 학생입니다. 지금 제 책상 위에는 아이가 다니는 고등학교의 올해 중간고사 성적표가 있습니다. 수학 과목의 1학년 평균점수가 41.10입니다. 영어 평균점수는 52.00이고, 과학의 평균점수는 47.60입니다. 시험이 대단히 어려웠냐 하면 그렇지도 않은 것 같습니다. 수학 만점자 수는 전체 학생의 2%나 됩니다. 영어와 과학도 1%를 조금 넘었습니다. 최근 몇년 동안 정부는 수능시험을 쉽게 출제하려 하고 있습니다. 그 쉬운 수능시험에서 정부가 목표로 하는 것이 만점자 1%입니다. 이렇게 보면 제 아이가 다니는 학교의 시험은 그리 어렵지 않은 시험이었습니다.

하지만 평균점수를 보십시오. 상당수 학생들이 수업시간에 배운 내용을 거의 이해하지 못한다고 볼 수밖에 없습니다. 상당수 아이들에게 학교의 수업과 시험은 너무나 어려운 것입니다. 그렇다고 이 학생들을 위해 무작정 수업과 시험의 난이도를 낮출 수도 없습니다. 그렇게 하면 만점자가 너무 많아질 테고, 학교 전체에 1등급이 존재하지 않을 수도 있습니다. 만점 받은 학생들의 등급이 규정에 따라 전부 2등급 또는 3등급으로 내려갈 수도 있습니다. 교사들로서는 어쩔 도리가 없습니다. 평균점수를 높게 해도 문제가 발생하고 낮게 해도 문제가 발생합니다. 이 딜레마에서 결코 벗어날 수 없습니다.

제 아이가 다니는 학교의 시험점수를 다시 보십시오. 평균점수를 10점쯤 올려 평균 60점 정도를 만든다고 가정하고, 교사들이 그에 맞춰 수업을 한다고 가정해보십시오. 그래도 상당수 학생들이 수업 내용을 제대로 이해하지 못하는 것은 마찬가지입니다. 시험에서 60점도 못 받는 학생들이 수업에 지속적인 의욕을 가지기는 매우 어려운 일입니다. 이 학생들은 수업에 흥미를 잃고 아예 공부를 포기할 가능성이 높습니다. 그리고 실제로 많은 학생들이 공부를 포기하고 있습니다.

그렇다고 평균점수가 80점이나 90점이 되도록 수업과 시험의 난이도를 대폭 낮출 수도 없습니다. 그렇게 하면 더 큰 문제가 생길 수 있습니다. 상당수 학생들은 수업시간에 배울 것이 없습니다. 아무런 지적 자극도 받지 못하게 됩니다. 그리고 시험문제가 너무 쉽게 출제되면 상위권 학생들에게 학교 시험은 학력을 겨루는 경쟁이 아니라 누가 실수를 조금이라도 덜 하나 하는 이상한 경쟁이 되어버립니다. 이렇게 되면 학생들은 자신의 재능을 실력을 키우는 데 쓰지 못하고 반복적인 문제풀이 훈련에만 소모하게 됩니다.

참 이럴 수도 없고 저럴 수도 없는 난처한 상황입니다. 지금의 내 신제도에서는 필연적인 딜레마입니다. 이 제도에서는 상당수 학생 들이 낙오해 패배자가 되는 것을 그대로 방치할 수밖에 없습니다. 내신제도에서는 누군가가 시험의 들러리를 서줘야 합니다. 누군가 는 성적의 아래를 깔아줘야 하고, 또다른 누군가는 그 아래의 아래 를 깔아줘야 합니다. 이런 패배자들이 나오지 않으면 참으로 곤란합 니다.

문제점 7: 사교육에 취약한 제도

학교 시험, 수능시험, 대학별 논술고사 중 어느 시험이 사교육을 유발하는 효과가 가장 클까요. 현재의 상황에서 그 순서를 얘기하라 면 대학별 논술고사, 수능시험, 학교 시험 순서라고 할 수 있을 것입 니다.

대학별 논술고사의 사교육 유발효과가 가장 큰 이유는 학교 수업 이 논술고사에 아무 도움을 주지 못하기 때문입니다. 논술고사에 관 한 한, 학생들은 학교 수업으로부터 아무 도움을 받을 수 없습니다. 물론 논술고사의 사교육 유발효과는 대학의 논술시험 문제가 지나 치게 어렵다는 데에서 비롯되는 면도 있습니다. 하지만 더 큰 이유 는 학생들이 학교 수업을 통해서는 논술고사 준비를 전혀 할 수 없 다는 것입니다. 학교 수업의 패러다임이 논술시험 패러다임과 완전 히 유리된 상황에서는 논술 문제를 지금보다 더 쉽게 출제해도 논술

시험의 사교육 유발효과는 클 수밖에 없습니다. 어찌 됐건 논술공부를 전혀 해보지 못한 학생과 사교육을 통해 논술공부를 조금이라도 해본 학생의 격차는 상당히 크기 때문입니다.

수능시험은 그래도 학교 수업을 통해 준비할 수 있는 정도가 논술시험에 비하면 상당히 큽니다. 사교육과 비교하면 많이 부족하다지만 논술고사에 비하면 사정이 한결 낫습니다. 어쨌든 학생들은 학교 수업을 통해 수능시험 준비를 하긴 하는 것이니까요. 그래서 수능시험은 학생들에게 논술시험만큼 무섭게 느껴지지는 않습니다. 하지만 논술고사는 학교 수업을 통해 준비되는 면이 거의 0%에 가깝기 때문에 학생들이 큰 공포감을 느낄 수밖에 없습니다. 물론 이것은 학교 교육의 잘못입니다. 학교 수업을 열심히 받는 것이 논술고사에 아무런 도움이 되지 않는다는 것은 분명 큰 문제입니다.

프랑스와 독일 학생들도 대학에 진학하려면 시험을 통과해야 합니다. 바깔로레아(baccalauréat)[5]와 아비투어(Abitur)[6]라는 대학입학 자격고사가 그것입니다. 바깔로레아와 아비투어는 완전한 논술식 시험입니다. 하지만 프랑스와 독일 학생들은 논술시험에 우리 학생들처럼 큰 부담을 느끼지 않는다고 합니다. 한국만큼 입시경쟁이 치열하지 않아서 그런 것만은 아닙니다. 가장 큰 이유는 바깔로레아와 아비투어가 학교의 정규 교육과정과 긴밀히 결합되어 있기 때문입니다. 프랑스와 독일 학생들은 학교 정규교육을 통해 이미 논술식 시험에 충분히 익숙해져 있습니다. 학교 수업이 논술시험에 도움을 주는 방향으로 이루어지고 있고, 평소의 학교 시험이 논술식 시험입니다.

하지만 우리나라 학교의 수업내용은 논술과는 너무 거리가 멉니다. 학교 시험에는 논술식 문제가 아예 있지도 않습니다. 그러니 우리 학생들은 논술고사에 큰 부담을 가질 수밖에 없습니다.

사교육 유발효과가 가장 작은 시험이 학교 시험입니다. 아무튼 학교 시험은 수업시간에 공부한 내용이 출제되기 때문입니다. 그런데 문제는 학교 시험의 사교육 유발효과가 우리가 생각하는 것만큼 작지는 않다는 것입니다. 논술고사와 수능시험에 비해서는 작지만 그 격차가 아주 크지는 않습니다.

뭔가 문제가 있다고 생각되지 않습니까. 학교 시험은 학교에서 수업한 내용이 상당부분 그대로 출제됩니다. 수업을 담당하는 교사들이 문제를 출제합니다. 그렇다면 학교 시험의 사교육 유발효과는 거의 없어야 할 것입니다. 하지만 현실은 다릅니다. 이것은 중학생 대상 학원의 상당수가 내신성적을 올리기 위한 학원이라는 데서 잘 드러납니다. 왜 이런 현상이 나타나는 것일까요. 물론 경쟁 때문입니다. 하지만 다른 이유도 있습니다.

학원강사 입장에서 볼 때 현재의 학교 시험은 학생의 성적을 올려주기가 상당히 쉬운 시험입니다. 사실 대학별 고사나 수능시험보다 학교 시험의 성적을 올려주기가 훨씬 쉽다는 것은 웬만한 학원강사라면 다들 인식하고 있는 사실입니다. 학교 시험은 1980년대의 학력고사와 성격이 아주 유사하기 때문입니다.

제가 학원강사 생활을 시작한 것은 학력고사의 마지막 해였습니다. 훗날 생각해보니 학력고사는 그야말로 학원강사에게는 최고의 시험제도였습니다. 특히 저 같은 국어강사에게는 더더욱 그런 것 같습니다. 저는 학원강사 생활을 시작한 지 반년쯤 돼서 교과서를 거의 암기해버릴 수 있었고 시험문제에 나올 만한 요소를 훤히 꿰뚫어 볼 수 있었습니다.

사교육이 줄어들려면 학교 교육의 패러다임이 바뀌고 차원이 달라져야 합니다. 지금의 학교 교육에서는 학교 시험에 대한 준비조차도 학교가 학원을 넘어서기 어렵습니다.[7]

2

무학년 학점제

마라톤에서 배우자

우리나라의 교육과정은 지나치게 획일적입니다. 행인을 잡아다
가 침대에 뉘어놓고는 키가 침대 길이보다 길면 잘라서 죽이고, 짧
으면 늘려서 죽였다고 하는 그리스 신화의 악당 프로크루스테스의
침대와 같습니다. 학생들은 학교가 제공하는 단 하나의 수업을 무조
건 따라가야 합니다. 교사의 설명을 조금도 이해하지 못하는 학생들
도 무조건 학교의 수업을 쫓아가야 합니다.

교사의 설명을 이해하지 못하는 학생들이 수업에 적극적으로 참
여할 리 없습니다. 그 학생들은 떠들거나 엎드려 잠을 잘 수밖에 없
습니다. 그런 학생들이 한두명이 아닌 상황에서 수업을 해야 하는

교사는 참으로 난감할 수밖에 없습니다. 하지만 학생들로서도 어쩔 도리가 없습니다. 뭔 말인지도 모르는 교사의 설명을 어떻게 계속 참고 들어준단 말인가요.

학년이 높아질수록 학교 교육이 망가지는 가장 중요한 원인이 여기에 있습니다. 하지만 교사들로서는 불가항력입니다. 해결방법은 단 하나라고 생각합니다. 침대의 길이에 학생의 키를 맞추는 게 아니라 학생의 키에 침대의 길이를 맞추는 새로운 교육과정을 도입하는 것이 그것입니다.

마라톤을 해보셨는지요? 다른 스포츠에 비해 마라톤은 매우 철학적인 스포츠라는 생각이 듭니다. 그래서인지 우리의 인생을 마라톤에 비유하는 사람들이 많습니다. 이런 멋진 말도 있습니다. "우승을 원한다면 100미터 달리기를 하라. 그러나 인생을 경험하고 싶다면 마라톤을 하라."[8]

마라톤의 풀코스는 42.195킬로미터입니다. 대단한 거리입니다. 저는 충분한 훈련도 없이 도전했다가 무참히 실패한 적이 있습니다. 5시간을 달려 다리는 더이상 움직일 수 없는데 남은 거리가 10킬로미터가 훨씬 넘어 포기할 수밖에 없었습니다.

누구도 충분한 훈련 없이 단번에 마라톤 풀코스를 완주할 수는 없습니다. 마라톤 선수도 어릴 때부터 풀코스 달리기로 훈련을 시작하지는 않습니다. 10킬로, 20킬로미터씩 과정을 거치면서 차근차근 자신의 능력을 발전시켜갑니다.

학교 공부도 마찬가지입니다. 학생들은 아래 단계부터 차근차근 자신의 능력을 발전시켜나가야 합니다. 자신이 감당할 수 없는 단계의 공부를 강요하면 학생들은 공부에 대한 흥미마저 상실할 수 있습니다. (물론 너무 쉬운 단계의 공부를 강요하는 것도 바람직하지는 않습니다. 그런 경우 학생은 그 시간에 아무런 배우는 것이 없을 수 있습니다.)

마라톤 선수가 아니라면 모두가 풀코스를 완주해야 하는 것은 아닙니다. 실제로 대부분의 시민 마라톤대회에는 풀코스의 절반인 20 킬로미터짜리 하프코스가 있고, 하프코스의 절반인 10킬로미터 코스도 있습니다. 심지어 5킬로미터 코스도 있습니다. 일반 참가자는 자신의 체력에 맞는 코스를 선택하여 달리면 됩니다.

학생들의 공부도 마찬가지입니다. 모든 학생이 높은 단계의 공부를 할 필요는 없습니다. 학교의 교육과정은 학생들이 자신이 멈추고 싶은 단계에서 멈출 수 있는 여지를 상당부분 인정해야 합니다. 모든 학생이 감당할 수는 없는 풀코스 마라톤을 모두에게 강요하는 것은 억지입니다.

이 문제의 해결방안으로 생각한 것이 무학년 학점제입니다. 무학년 학점제 교육과정은 마라토너가 코스를 선택하듯 학생들이 자신의 학습능력과 적성에 맞는 수업을 스스로 선택하게 하는 교육과정입니다. 지금처럼 학년과 학습기간에 얽매이지 않고 자신에게 맞는 단계를 자유롭게 선택할 수 있는 교육과정인 것입니다.

학생들 저마다는 천차만별입니다. 제각각 학습하는 능력과 속도가 많이 다릅니다. 취향도 많이 다릅니다. 그런데 대한민국의 학교는 이 모든 것을 무시합니다. 대부분의 학생에게 이것은 재앙입니다. 특히 학습속도가 느린 학생에겐 크나큰 재앙입니다. 학습속도가 느린 학생이 학교가 일방적으로 제공하는 단 하나의 수업과정을 따라가지 못하면 그 학생은 그것으로 끝입니다. 학교는 그런 학생을 돌아보지 않습니다. 뒤돌아보는 것 자체가 사실상 불가능합니다.

사실 학교가 제시하는 수업은 상당수 학생에겐 어렵고 지겨운 수업입니다. 수학의 경우는 특히 그러합니다. 하지만 우리나라는 모든 학생이 수학을 똑같이 높은 단계까지 공부해야 합니다. 그러니 수학을 못하는 상당수 학생들은 수업시간에 엎드려 자거나 멍하게 있거나 잡담을 할 수밖에 없습니다.

하지만 학교 수업은 이런 학생들의 사정을 조금도 고려하지 않습니다. 무조건 단 하나의 수업과정만을 강요합니다. 학교라는 제도를 가진 이상 학년과 일정한 교육과정을 따르는 게 당연하지 않냐고요? 그렇지는 않습니다. 이른바 선진국에서는 대개 학생의 학습능력과 학습속도를 고려한 맞춤형 수업과정을 운영하고 있습니다.

우리에게만 낯선 선진국형 교육과정

2012년 총선 때 각 정당의 교육공약을 살펴보셨나요? 각 정당의 총선 공약을 모두 모아놓으면 우리가 생각해낼 수 있는 웬만한 교육정책을 다 찾아볼 수 있습니다.

그런데 너무나 중요한 정책임에도 불구하고 어느 정당에서도 언급하지 않은 정책이 하나 있습니다. 바로 '무학년 학점제'입니다. 아주 사소한 사안에 대한 정책들도 상당히 많이 제시된 마당에 이런 좋은 정책에 대해선 일언반구 언급이 없다는 것이 저에겐 참으로 의아한 일이었습니다. 이 정책이 너무 거창해 실행가능성이 떨어져서 그런 걸까요? 그건 아닐 겁니다. 총선 공약 중에는 이것보다 실행이 몇배나 더 어렵게 생각되는 것들도 적잖이 있었으니까요.

제가 볼 때 이 정책이 언급되지 않은 이유는 사람들에게 널리 알려지지 않았다는 것, 그 하나입니다. 사실 이 정책은 정확한 이름조차 없습니다. 정책을 지칭하는 명칭 자체가 제각각입니다. 어떤 이름도 아직 사회성을 획득하지 못했습니다.

저는 이 정책에 대해 졸저 『교육을 잡는 자가 대권을 잡는다』에서 '무학년 학점제 수준별 맞춤형 수업'이란 이름을 붙였었습니다. 그런데 '수준별'이란 말이 자꾸 오해를 불러일으켰습니다. 사람들은 수준별이란 말을 우열반이란 말로 받아들였습니다. 그래서 저는 그후 강연이나 토론을 할 때에는 '무학년 학점제 단계별 수업'이란 이름으로 바꿔 말해왔습니다. 상황에 따라 '학생 눈높이 맞춤형 수업' 등의 이름을 붙이기도 했습니다. '학점제 단계별 수업'이라고 부르기도 했습니다. 하지만 어떤 이름도 널리 퍼지지는 않고 있습니다. 이 정책에 사회적으로 합의된 이름이 아직 없다고 봐야겠습니다.

합의된 이름마저 없으니 사람들에게 이 정책을 알리기가 참으로 어렵습니다. 온갖 억측과 오해가 따라오기도 합니다. 이런 과정을 가까이서 지켜본 동료 한 사람은 그냥 '핀란드식 교육'이란 이름을 붙이라고 합니다. 하지만 핀란드식 교육이란 말은 너무 막연해서 이 정책에 대해 아무런 정보도 주지 않습니다. 대부분의 선진국에서 비슷한 교육과정을 운영하고 있다고 하니 '선진국형 교육과정'이란 이름을 붙여볼까도 했습니다. 하지만 이 또한 너무 막연한 것 같습니다. '미래형 교육과정' '학생선택형 교육과정'을 권하는 사람도 있지만 이 역시 선뜻 받아들이지는 못하고 있습니다.

아직 그 이름조차 명확하지 않은 정책이지만 막상 이 정책에 대해 설명을 하면 많은 사람들이 큰 관심을 보입니다. 교육정책 토론회에서 이 정책을 발표하면 이 정책이 토론회에서 가장 주목받는 정책이 될 때가 많습니다. 제가 강연을 할 때도 가장 주목받는 정책이 바로 이 '무학년 학점제'입니다. 대개의 경우 이 정책이 다른 정책을 누르고 질의·응답시간의 주된 의제가 됩니다. 얼마 전 100명 정도의 교사들을 상대로 강연을 한 적이 있습니다. 그때도 역시 이 정책이 다른 정책들을 누르고 질의·응답시간의 주요 관심사가 되었습니다. 선생님들은 다른 정책을 놔두고 거의 이 정책에 대해서만 질문을 집중하며 관심을 보였습니다.

물론 이 정책을 국민들에게 널리 알리는 것은 어렵습니다. 하지만 저는 일단 이 정책이 국민들에게 널리 알려지기만 하면 교육분야의 핵심의제로 부각될 수 있으리라 생각합니다. 충분한 설명 없이 정책의 이름 정도만 언급한 상태에서는 지지도가 매우 낮습니다. 하지만 정책의 내용을 충분히 설명하고 나면 지지도는 매우 높게 올라갑니다. 이에 대한 경험 하나를 얘기하겠습니다.

교육계와 각계 전문가들이 모여 만든 '2012 교육개혁 100인 위원회'라는 것이 있습니다. 저도 기획단의 일원으로 참여하고 있습니다. 이와 관련한『경향신문』기사(2012.6.5)를 먼저 소개하겠습니다.

　연말 대통령 선거를 앞두고 교육계 인사들과 교육시민단체들이 국민들의 뜻을 물어 대선에서 다뤄야 할 교육개혁 3대 정책을 선정할 계획이다. 이를 위한 1단계로 지난해 교육계와 각계 전문가들이 모여 만든 '2012 교육개혁 100인 위원회'는 지난달 30일 저녁 그동안 교육계와 학부모단체 등에서 제시한 64개 핵심요구 중 현장투표를 통해 11개의 정책을 선정했다. 이 11개의 정책은 이달 중 트위터 등 온라인상에서 일반 시민들의 선호도 투표를 거쳐 3개로 압축될 예정이다. 100인 위원회는 이후 이 3가지 정책을 각 정당과 대선후보들에게 제안하고 교육개혁 정책토론회를 진행한다는 계획이다.

　11대 정책은 국가교육위원회 설치, 학급당 학생 수 20명으로의 감축, 학교자치법 제정, 교장공모제를 통한 교장 임용, 고교평준화(특목고, 자사고 일반고 전환), 유치원에서부터 고등학교까지 무상교육, 국립대 일원화, 학력 학벌 차별금지법 제정, 반값 등록금, 사립학교법 등의 개정, 교육자치 확대를 위한 법 개정 등이다. 당초 10대 정책을 선정할 예정이었지만 같은 표를 받은 안이 나오며 11개로 늘었다.

　가장 눈길을 끈 것은 핵심요구 1번 사항인 국가교육위원회 설치다. 정권교체와 무관하게 교육논리에 기초한 교육철학으로 교육정책을 운영하는 인권위 수준의 상설 법적기구를 만들자는 제안이다. 100인 위원회에는 김상곤 경기도교육감, 곽노현 서울시

교육감, 조국 서울대 교수, 손석춘 건국대 교수, 장은숙 참교육을 위한전국학부모회 회장, 정현백 참여연대 공동대표 등이 참여하고 있다.

기사에서 언급된 64개 핵심요구안 중에는 지금 말한 '무학년 학점제' 정책이 들어 있었습니다. 당시 행사에서는 '무학년 학점제 단계별 맞춤형 수업'이란 이름으로 소개되었습니다. 제가 제안하여 올라가게 된 것입니다. 저는 이것 말고도 10개가 넘는 정책을 제안했는데 그중 내심 가장 공을 들인 정책이 이것이었습니다. 하지만 그날 행사의 현장투표에서 '무학년 학점제'는 11개 정책에 선정되지 못했습니다. 저로선 참으로 허망하고 안타까운 일이었습니다.

그런데 그 몇달 전인 2011년 12월 6일 흥사단에서 열린 '2012 교육개혁 100인 위원회 초·중등 교육개혁 정책발표회'에서는 상황이 판이했습니다. 그날 발표회는 초·중·고등학교 분야의 교육정책을 제안받는 행사였습니다. 정책을 제안하는 사람에게 정책에 대해 설명할 시간을 10분씩 할애했지요. 이때 저는 다른 정책 몇개를 제안하면서, 사람들이 아직은 낯설게 여기는 '무학년 학점제'에 초점을 맞추어 설명을 했습니다. 그날도 발표된 정책들에 대해 참석자들이 현장투표를 했는데 그날 투표에서는 '무학년 학점제'가 당당히 1등을 했습니다. '무학년 학점제'를 충분히 설명했기에 가능했던 일이라 생각합니다. 구글에서 '무학년 학점제'를 검색해보십시오. 맨 앞에 링크되는 글이 바로 그날 행사를 소개한 '오마이뉴스'의 보도입니다. 행사 장면을 담은 사진도 실려 있습니다.

이 정책은 아직 우리나라 사람들에겐 너무나 낯선 정책입니다. 하지만 그 내용을 알게 되면 가장 많은 관심을 기울이게 되는 정책입니다. 무엇보다 '무학년 학점제'는 다른 나라에서는 널리 시행되고 있는 보편적 교육과정입니다. 이런 사실은 우리나라 교육연구기관의 연구결과에서도 쉽게 확인할 수 있습니다. 한국교육과정평가원, 한국교육개발원, 한국교육평가학회의 공동연구 내용을 간단히 소개하겠습니다.

먼저 미국입니다. 상당수 고등학교에서 '무학년제'와 '졸업학점제'를 시행하고 있습니다. 학년 자체는 존재하지만 교과목 수강에는 학년 제한이 없습니다. 학생들은 학교에 개설된 과목을 학년 구분 없이 계열과 난이도에 따라 선택할 수 있습니다. 수강한 각 과목의 학점을 합산하여 학교가 정한 일정한 학점에 도달하면 졸업장을 수여합니다.

다음은 영국으로, 역시 탄력적으로 교육과정을 운영하고 있습니다. 국가가 교과목의 수업시수를 강요하지 않고 교사에게 일임하고 있습니다. 고등학생이 이수해야 하는 필수과목도 딱히 정해져 있지 않습니다. 수강생 수가 적으면 타 학교와 코스를 공유하거나 학생을 교환해서 수업을 제공합니다. 학생들은 주로 자신이 희망하는 대학의 학과가 요구하는 과목을 중심으로 선택하여 수강합니다.

다음은 핀란드입니다. 고등학교 과정에서는 따로 학년을 구분하지 않습니다. 학생들은 한국의 대학생처럼 시간표를 직접 짜 수업을 구성합니다. 이 때문에 한 수업에 10, 11, 12학년이 섞여 있게 됩니다. 즉 교육과정이 무학년제와 학점제로 운영됩니다. 학교는 학생들에게 다양한 수준의 강의를 제공하고 학생들은 자신의 수준에 맞는 강의를 선택해서 수업을 받습니다. 각 과목들은 필수·전문심화·자유선택으로 구분됩니다. 수준에 따라 달라지는 수업단계는 14단계까지 구분되기도 합니다. 필수과목은 적고 선택과목이 많아 학생의 선택폭이 아주 넓습니다.

마지막으로 아시아의 싱가포르를 살펴보겠습니다. 교육과정의 거시적인 틀은 교육부가 제공합니다. 하지만 교육과정을 학년에 따라 상세하게 구분하여 제시하지는 않습니다. 구체적인 교육과정의 조직 및 운영에 대한 권한은 학교에 있습니다. 학생들은 학년·학급에 관계 없이 자신의 조건과 능력에 알맞은 교과목을 선택하여 수강할 수 있습니다. 싱가포르는 앞에 소개한 나라들처럼 진정한 의미의 무학년 학점제를 시행하지는 않습니다. 하지만 학년을 벗어나 학생의 능력 위주로 교과를 선택한다는 점에서 넓은 의미의 무학년 학점제라고 할 수 있습니다.[9]

이처럼 무학년 학점제는 우리나라 학교에는 낯설지만 외국의 학교에서는 아주 흔히 시행하는 제도인 것입니다. 핀란드의 무학년 학점제에 대해서는 우리나라에 번역 출판된 『핀란드 교육의 성공』(후쿠다 세이지, 나성은·공영태 옮김, 북스힐 2008)에도 잘 언급되어 있습니다.

핀란드의 고등학교는 수업이 학년제가 아닌 학점제(단위제)로 이루어집니다. 핀란드 고등학교에는 학년이 따로 없습니다. 학생들은 자신의 능력을 고려하여 자신이 선택한 교과의 학점(단위)을 취득하면 됩니다. 예를 들어 수학의 경우 최저 6단위, 최고 11단위를 취득하도록 되어 있는데 수학에 자신없는 사람은 상대적으로 내용이 쉬운 6단위만 들어도 됩니다. 학생들이 자신의 능력과 수준에 맞는 수업을 선택하는 것이 제도적으로 보장되고 있습니다. 게다가 학년 자체가 존재하지 않으니 졸업도 학습속도가 빠른 학생은 2년 만에, 더딘 학생은 4년 만에도 할 수 있습니다. 학습능력에 따른 수준별 수업은 기본이고, 학생들이 자신의 능력을 고려하여 졸업시기까지 자유로이 선택할 수 있는 것입니다.[10]

저는 무학년 학점제를 중·고등학교 모두에서 시행하는 것이 좋다고 생각합니다. 하지만 먼저 고등학교에서만 실시하여 성공적으로 정착시키고, 중학교는 상황을 보아가면서 실시하는 것도 나쁘지 않습니다.

길게 보면 중학교와 고등학교를 통폐합하여 5~6년제 중등과정을 운영하는 것이 바람직합니다. 교육학자들 대부분이 그렇게 생각하는 것 같습니다. 만약 그렇게 된다면 이때는 당연히 중등과정 전체에 무학년 학점제 교육과정을 도입하는 것이 좋습니다.

초등학교까지 무학년 학점제 수업을 도입하는 것은 바람직하지 않다는 생각입니다. 초등학생에게는 지금의 학년·학급체제가 주는 안정감이 더 중요합니다. 그리고 초등 교육과정에서는 지식의 습득보다 또래 친구들과 함께 놀며 튼튼하게 자라는 것이 더 중요합니다. 또래 친구들끼리 같이 배우며 공부하는 경험을 제대로 하는 것이 더 소중합니다.

물론 초등학교에서도 학생들의 학습능력과 학습속도를 고려해 수업해야 하는 것은 분명합니다. 하지만 그것은 지금과 같은 형태의 학년·학급제도 안에서 이루어지는 것이 타당합니다. 이는 학급의 학생 수가 선진국 수준으로 줄면 충분히 가능하지 않을까 생각합니다.

선택의 권한을 학생에게

무학년 학점제 교육과정이 시행되면 학생들에게 교과 선택권이 큰 폭으로 주어지게 됩니다. 규정 학점을 이수하는 것은 의무지만 어느 교과의 수업으로 학점을 채울 것인지는 학생이 자율적으로 결정하게 됩니다. 학생에게 대폭적인 과목 선택권을 부여해야 무학년 학점제 수업의 가치를 제대로 살릴 수 있습니다. 그렇지 않으면 무학년 학점제의 의미는 퇴색하고 맙니다.

여기서 거듭 강조할 게 있습니다. 교과목 선택권을 행사하는 주체는 학교가 아니라 학생이어야 한다는 것입니다. 학교에 교육과정 편성의 자율성을 부여하는 것에 대해선 갑론을박이 있습니다. 대부분 원론적인 차원에서는 학교가 교육과정 편성에서 자율권을 가져야 한다고 말합니다. 하지만 한편으로는 학교의 교육과정 편성권을 상당부분 제한해야 한다고 말합니다. 국·영·수 과목의 편중 현상이 심해질 것을 염려하기 때문입니다.

그래서 교육부건 교육청이건 학교에 자율성을 부여해야 한다는 당위성과 국·영·수 과목이 과도하게 많아져서는 안된다는 또다른 당위성 사이에서 갈피를 잡지 못하고 있습니다. 무학년 학점제의 도입 없이 학교에 선택권을 주면 학교는 어쩔 수 없이 국·영·수 수업을 늘릴 것입니다. 지금의 내신제도에서는 그럴 수밖에 없습니다. 상위권 대학이 입시에서 국·영·수 과목의 성적을 모두 반영하기 때문입니다. 이런 상황에서 학교에 교육과정 편성권을 주면 학교는 국·영·수 과목의 수업시간을 늘리지 않을 도리가 없습니다.

하지만 학생이 과목을 선택하게 되면 얘기가 달라집니다. 모든 학생이 국·영·수 과목만을 집중적으로 선택하지는 않을 것입니다. 학생들이 대폭 과목 선택권을 갖는다면 국·영·수 과목의 전체 수업시간은 오히려 줄어들 가능성도 있습니다. 특히 수학 수업시간은 현저히 줄어들 가능성이 매우 큽니다.

작년(2011)에 저는 서울의 평범한 인문계 고등학교에서 3학년 담임을 했습니다. 저희 반에서 대학에 진학한 학생의 절반 이상이 전문대에 갔습니다. 입시에서 전문대는 보통 수능시험성적을 2개 과목만 요구합니다. 수능시험의 수학 성적이 없어도 진학이 가능합니다.

사실 저희 반 학생들 상당수는 이미 오래전에 수학 공부를 포기했습니다. 학생에게 전적인 선택권이 주어졌다면 저희 반 학생들 상당수는 3학년이 될 때 수학을 단 한 시간도 수강하지 않았을 것입니다. 어쩌면 2학년이 될 때도 선택하지 않았을 것입니다. 하지만 그들은 학교의 교육과정에 따라 할 수 없이 높은 단계의 수학수업을 이수해야 했습니다. 물론 그 학생들은 수업시간에 대부분 엎드려 잘 수밖에 없었습니다. 열심히 들어보았자 이해할 수 있는 내용이 거의 없으니까요.

중요한 것은 학생이 선택의 자율성을 갖는 것입니다. 현재의 내신제도에서 학교에만 자율성을 주면 국·영·수 시간이 대폭 늘어날 수밖에 없습니다. 상위권 대학에 진학하고자 하는 학생들을 위해 학교는 그렇게 할 수밖에 없습니다. 소수의 학생을 위해 다수 학생을 들러리노릇 시키는 짓이라고 비판해도 어쩔 도리가 없습니다. 하지만 무학년 학점제를 도입하게 되면 상위권 대학을 지향한 소수 학생을 위해 다수 학생이 들러리노릇 하는 현상은 현저히 줄어들 것입니다.

무학년 학점제가 도입된다고 해서 소수의 상위권 학생이 손해를 보게 되는 것도 아닙니다. 그동안 엉망인 수업분위기에서 그 소수의 학생도 사실은 희생자일 수밖에 없었습니다. 생각해보십시오. 아예 공부를 포기하고 떠들거나 잠자는 학생이 절반 넘게 존재하는 상황에서 나머지 소수의 학생들은 또 얼마나 제대로 된 수업을 받을 수 있었겠습니까.

자신의 학습단계에 맞는 수업을 학생들이 스스로 선택하게 된다면 수업시간에 떠들고 잠자는 학생들은 현저히 줄어들 것입니다. 교사들이 잠자는 학생을 그대로 두는 일도 더이상 없을 것입니다. 사실 지금의 교실에서는 교사들이 수업시간에 자는 학생을 깨우기가 참으로 곤란합니다. 깨우지 않는 것이 합리적일 때가 많습니다. 자는 학생을 깨워봤자 어차피 수업에 참여하지 않을 것이 분명합니다. 오히려 장난치고 떠들겠지요. 교사의 설명을 이해하지 못하니까요. 이런 상황에서 교사들은 학생들이 깨어나 떠드는 것보다는 차라리 잠을 자주는 것이 수업에 도움이 된다고 생각할 수밖에 없습니다.

수업시간에 엎드려 자는 학생을 깨우지 않는 교사들을 향해 교사가 학생에게 무관심하다고 질타하는 사람들이 있습니다. 교사들의 나태와 안일이 무기력한 학교 교육의 원인인 양 비판하기도 합니다.

하지만 지금의 교실에서 교사들이 자는 학생들을 깨우지 않는 것은 교육지책의 성격이 짙습니다. 수업시간에 학생들은 자고 교사가 그 학생들을 묵인하는 것은, 어찌 보면 교사와 학생 사이에서 일어난 타협의 결과물이라는 것입니다.

물론 이것은 수학시간에만 일어나는 일은 아닙니다. 영어시간에도 국어시간에도 일어나는 일입니다. 수업내용을 이해할 수 없어 아이들이 잠을 자는 경우가 수학시간에 제일 많을 뿐입니다. 이것은 우리나라 학교의 보편적 현상입니다.

교육적 가치와 학생의 선택권

그렇다면 학생들은 선택의 자율성을 얼마나 가져야 할까요? 교과에 따라 다릅니다. 어떤 교과는 선택의 자율성을 대폭 인정해야 합니다. 하지만 어떤 교과는 어느정도 제한해야 합니다. 교육적 가치를 외면할 수 없기 때문입니다. 하지만 교과 이기주의는 단호히 배격해야 합니다. 교과의 이익을 위해 학생의 이익을 침해하는 행위는 단호히 물리쳐야 합니다.

어떤 과목에 어느 정도의 자율성을 부여할지에 대한 사회적 합의는 어렵지 않으리라 생각합니다. 저의 생각을 대략 얘기해보겠습니다.

국어, 영어, 사회, 과학, 기술·가정, 제2외국어, 음악, 미술, 체육 등 존재하는 모든 교과를 둘로 나누어보십시오. 어떻게 나눌 수 있을까요. 체육과 나머지 과목 전부로 나눌 수 있습니다.

육체건강 관련 과목	체육
언어·지식·정서 관련 과목	국어, 영어, 사회, 과학, 기술·가정, 제2외국어, 음악, 미술 등

따라서 체육에서는 학생의 선택권이 상당히 제한됩니다. 학생들의 건강 유지를 위해 반드시 필요한 시간을 확보해야 하기 때문입니다. 현재보다 더 많은 체육시간을 선택할 권한은 얼마든지 부여하지만, 일정 시간 이하로 줄일 권한은 주어지지 않아야 합니다. 학교는 강제로라도 학생들을 건강하게 만들 의무가 있으니까요.

'언어·지식·정서 관련 과목'을 다시 둘로 나누어보지요. 어떻게 나눌 수 있을까요. 음악·미술(예술)과 나머지 과목 전부, 이렇게 둘로 나눌 수 있습니다.

정서 관련 과목	음악, 미술
언어·지식 관련 과목	국어, 영어, 사회, 과학, 기술·가정, 제2외국어 등

국어교과 안의 문학은 학생의 정서와 밀접하게 관련된 것이므로 음악·미술과 함께 예술의 범주에 넣는 것이 합당할 수 있지만 그냥 넘어가겠습니다. 일일이 세부적인 것까지 따지면 설명이 너무 복잡해지니까요. 여기서는 저의 문제의식에 집중해주시면 좋겠습니다.

정서교육을 고려할 때 학생들은 반드시 최소한의 음악·미술 수업을 이수해야 합니다. 어느 단계를 지나면 음악과 미술 중 한 과목만 선택할 권한을 대폭 부여할 수도 있을 것입니다. 초등학교 때에는 두 과목 모두를 이수해야 하지만 중·고등학교 때에는 한 과목만 선택해 그 과목에 더 많은 시간을 집중하는 것도 괜찮을 것 같습니다.

이런 문제의식을 통해 우리는 학생들이 어떤 과목을 어느 정도까지 선택하게 할지 대략 정할 수 있을 거라 생각합니다. 언어·지식 관련 과목을 다시 둘로 나눠보겠습니다.

언어 관련 과목	국어, 영어, 제2외국어
지식 관련 과목	사회, 과학, 기술·가정 등

여기서 언어 관련 과목은 다시 국어와 외국어(영어, 제2외국어)로 나눌 수 있습니다. 저는 외국어의 경우는 영어와 제2외국어 중 어느 것을 선택할지에 대한 전적인 권한을 학생들에게 부여해야 한다고 생각합니다. 작년 제가 근무했던 C고등학교의 저희 반 아이들은 제 2외국어(일본어)를 모두 수강해야 했습니다. 그중에 대학 진학에 제 2외국어 점수가 실제로 필요한 학생은 거의 없었습니다. 그런데도 억지로 일본어 수업을 들어야 했습니다. 수업이 제대로 이루어질 수 있을까요? 수업 자체가 이루어지지 않습니다.

혹자는 말할 것입니다. 대학입시가 사라지면 결과는 완전히 달라질 거라고요. 대학입시가 없어지면 학생들은 제2외국어를 열심히 재미있게 공부할 것이라고요. 지나치게 낭만적인 생각입니다. 입시가 사라져도 모든 학생이 제2외국어 수업에 열심히 참여할 가능성은 거의 없습니다. 입시가 사라진다고 절로 모든 수업이 즐겁고 행복하게 이루어질 것이라는 기대는 환상입니다.

억지로 수업을 받게 하느라 수업 자체가 제대로 이루어지지 않을 거라면 차라리 학생들에게 전적인 선택권을 주는 게 낫습니다. 제2외국어를 원하지 않는 학생들은 아예 처음부터 선택하지 않을 권리를 주어야 합니다. 대신 제2외국어를 선택한 학생들은 원한다면 더 많은 시간을 수강할 수 있어야 합니다. 현재 고등학교의 제2외국어 시간은 일주일에 2시간 정도입니다. 이 정도 수업을 받아서 외국어를 익힐 수 있다는 발상은 도대체 어떻게 나온 건지 이해할 수가 없습니다. 학생들에게 선택권을 주면 상당수 학생은 제2외국어를 아예 한 시간도 선택하지 않을 것이 분명합니다. 하지만 제2외국어를 선택한 소수는 지금보다 훨씬 더 많은 수업시간을 선택해 열심히 참여할 것입니다.

현재 고등학교의 제2외국어 시간은 죽은 시간입니다. 사실상 수업이 제대로 이루어지지 않으니까요. 제2외국어 교사는 참으로 난감합니다. 수업을 할 수도, 안 할 수도 없는 딜레마에 빠져 있습니다. 제가 작년에 담임을 맡았던 반에서는 일주일에 일본어 수업시간이 2시간이 되는데도 일본어 수능시험을 보는 학생은 없었습니다(수능시험에서 영어 대신 일본어를 선택할 수 있게 한다면 상황이 달라지겠지요). 그러니 일본어 선생님이 열심히 수업을 하면 학생들의 입시공부를 방해하는 꼴이 되는 것입니다. 그렇다고 처음부터 입시공부나 하라고 학생들에게 자습시간을 줄 수는 없습니다. 선생님 몸이야 편하겠지만 그 자괴감을 감당하기 어렵기 때문입니다.

수업을 열심히 하여 학생들의 입시공부에 부담을 주어서도 안되고, 무작정 자습을 시키는 것도 곤란하고, 선생님은 참 난처할 수밖에 없습니다. 열심히 수업을 해봤자 학생들이 수업에 제대로 참여하지 않습니다. 하지만 학생들 입장에서 생각해보십시오. 수능시험을 코앞에 둔 고3 학생이 어떻게 수능시험과 관계 없는 공부를 열심히 할 수 있겠습니까.

소수의 과단성 있는 제2외국어 교사는 열심히 강의를 합니다. 입시에 부담이 된다는 학생들의 항의가 있어도 무시하고 진도를 열심히 나갑니다. 또다른 소수의 과단성 있는 교사는 용감하게 학생들에게 자습시간을 줍니다. 입시공부를 위해 자신의 수업을 과감히 양보하는 것이지요. 하지만 대부분의 교사는 중간에서 어정쩡할 수밖에 없습니다. 지금으로서는 제2외국어 교사가 이 딜레마에서 벗어날 길은 없습니다.

열심히 수업하고 과제물 검사를 했다고 학생의 항의를 받는 교사의 마음을 한번 생각해보십시오. 어떨까요. 저는 교사가 수업을 열심히 하고 과제 검사를 꼼꼼히 한다는 이유로 학생이 교사에게 항의하는 장면을 본 적이 있습니다. 과제물 검사에서 감점을 받은 학생 두명이 교무실까지 따라와 교사에게 항의 섞인 하소연을 하더군요. 수능시험이 얼마 안 남았는데 그렇게 수업을 원칙대로 하시면 자신들은 어떻게 하냐 얘기지요. 그 장면을 숨죽여 지켜보던 저도 참 난감했습니다.

무학년 학점제로 이 문제를 해결할 수 있습니다. 학생에게 제2외국어를 전혀 선택하지 않을 자유와 더 많은 시간의 제2외국어를 선택할 자유를 동시에 주니까요. 영어야 국제어니까 모든 학생이 수업을 받아야 할 수도 있겠지요. 하지만 그런 경우에도 일정 단계까지만 의무로 해야 합니다. 즉 최소한의 학점만 받아도 되게 해야 합니다. 최소 학점을 이수했다면 그후로는 완전한 선택권을 주어야 합니다.

한편, 학생에게 대폭적인 과목 선택권을 주면 선택하는 학생들이 적어 난처한 지경에 처하는 과목이 생길 수도 있습니다. 제가 앞서 말한 대로 된다면 체육, 음악, 미술 등의 과목은 오히려 수요가 늘어날 것입니다. 하지만 어떤 과목은 지금보다 수요가 현저히 줄어들 수 있겠지요.

그런데 우리나라는 교과 이기주의가 극심한 나라입니다. 어떤 과목의 위상이 저하되면 그 과목의 이해당사자들이 거세게 반발하고 저항할 수 있습니다. 하지만 이런 과목 이기주의는 단호하게 돌파해 나가야 합니다. 물론 교사의 생존권이 달린 문제일 수 있습니다. 하지만 학급당 학생 수 감축과 동시에 시행하면 어느정도는 자연스럽게 해결됩니다. 학급의 학생 수를 줄이려면 교사의 수를 늘려야 하기 때문입니다.

3

무학년 학점제와 함께할 정책들

학급별 평가제

무학년 학점제를 도입할 때 반드시 함께 도입해야 하는 제도가 있습니다. '학급별 평가제'입니다. 학급별 평가제는 수업이 이루어지는 학급에 따라 시험이 달라지는 평가제도입니다. 수업에 따라, 또는 교사에 따라 평가가 달라질 수 있기에 '수업별 평가' 또는 '교사별 평가'라 부르기도 합니다.

지금의 평가제도는 '학년별 평가제도'입니다. 학년별 평가제도에서는 예컨대 한 학년의 영어수업을 서너명의 교사가 몇개 반씩 분담하더라도 시험은 반드시 동일해야 합니다. 교사에 따라 평가가 달라질 수 없습니다. 엄밀히 말하면 평가권이 교사 개개인에게 없는 것입니다. 하지만 학급별 평가를 하게 되면 교사에 따라 시험이 얼마든지 달라질 수 있습니다. 평가권이 개별 교사에게 온전히 주어지게 됩니다.

교사의 수업에 따라 시험이 달라지는 수업별 평가, 즉 교사별 평가는 별난 것이 아닙니다. 소위 선진국이란 나라들의 학교에서는 보편적으로 시행되고 있습니다. 교육적 관점에서는 지극히 당연하고 상식적인 평가제도입니다.

제가 학급별 평가의 중요성을 강조하는 이유는 간단합니다. 현 내신제도의 특징 중 하나인 학년별 평가제가 학교 교육을 망치고 있다고 생각하기 때문입니다. 학년별 평가가 지속되는 한 학교 교육이 살아나기는 어렵습니다. 중·고등학교 수업과 시험이 80년대 학력고사 패러다임에서 벗어나지 못하는 가장 큰 원인이 여기에 있습니다. 동일한 수업, 동일한 평가방식의 획일성을 특징으로 하는 학년별 평가제는 학교 수업의 입시경쟁력을 잃게 만든 중요한 원인입니다. 이렇게 해서는 학교 수업이 수능시험과 대학별 논술고사에 충분한 도움을 주기 어렵습니다. 결국 학년별 평가제는 학생들을 사교육으로 내모는 큰 원인이기도 한 것입니다.

저는 방금 무학년 학점제가 도입되려면 학급별 평가제도 함께 도입되어야 한다고 말했습니다. 하지만 무학년 학점제와 관계없이 학급별 평가제는 큰 의미가 있습니다. 만약 현실성을 고려해 무학년 학점제를 고등학교에만 실행하고 중학교에는 실행하지 않는다 할지라도, 학급별 평가제는 중학교에서도 실행해야 합니다. 그래야 중학교 교육이 발전할 수 있습니다.

절대평가제

또한 무학년 학점제에서는 절대평가제를 시행해야 합니다.

상대평가는 앞서 거듭 설명한 대로 정말 비교육적인 평가방식입니다. 가장 가깝게 지내고 깊이 영향을 주고받으며 함께 성장해야 할 학급·학교의 친구들을 가장 적대적인 경쟁자로 만듭니다. 친구들과의 진정한 협력을 어렵게 만듭니다.

'혁신학교'에 대해 들어보셨을 겁니다. 진보교육감의 상징적 정책인 혁신학교 말입니다. 저 또한 관심이 많습니다. 그리고 제 아내가 혁신학교 교사라서 이런저런 얘기를 많이 듣습니다. 제가 직접 혁신학교의 수업을 참관한 적도 있습니다. 이 경험을 통해 혁신학교가 추구하는 수업은 일반 학교와는 참 많이 다르다는 걸 느꼈습니다. 제가 참관한 수업은 아이들이 함께 힘을 모아 교사가 제시한 과제들을 해결하는 협력형 수업이었습니다. 혁신학교에서는 이런 수업이 상당히 많이 시행된다고 들었습니다. 아주 바람직한 현상이라고 생각합니다.

하지만 그러면 뭐합니까. 학교 시험에서는 상대평가를 통해 학생들을 냉혹하게 줄 세울 건데요. 중간고사, 기말고사를 치르는 순간 학생들은 자신들이 받았던 수업을 위선적인 수업이라고 생각할 수도 있을 것입니다. 함께 힘을 모았던 친구들이 결국 알고 보니 모두 살벌한 경쟁자에 불과하니까요.

상대평가는 어쩔 수 없는 경우에만 예외적으로 시행되어야 하는 비교육적인 평가제도입니다. 그런데 우리나라에서는 중·고등학교 시험이 모두 상대평가입니다. 전체 학생을 동일한 시험을 통해 엄밀하게 줄 세우기 합니다.

냉정한 상대평가이다보니 학교 시험은 교육적 기능을 상실했습니다. 학교 교육이 시험에 완전히 종속되었습니다. 학교 밖 입시(수능시험·논술시험)에 종속된 것이 아니라 학교 안 입시(학교 시험)에 종속되어버렸습니다.

상대평가로 인해 우리나라는 학생들의 학교 시험 부담이 너무 큽니다. 시험 횟수도 많습니다. 스트레스가 이만저만이 아닙니다. 중학생 사교육의 많은 부분이 이러한 학교 시험으로 인해 유발됩니다.

2011년 교육과학기술부 발표에 따르면 앞으로 학교 시험에 절대평가제를 도입한다고 합니다. 하지만 그 내용을 보면 무늬만 절대평가제지 속은 상대평가제입니다. 말로만 절대평가지 원점수와 평균 점수와 표준편차를 모두 기록하는 사실상의 상대평가인 것입니다. 게다가 91점, 92점, 93점, 이런 식으로 엄밀한 점수를 매긴 다음 A, B, C, D, E 등의 점수를 주는 것은 절대평가의 장점을 살리기 어렵습니다. 자칫하면 절대평가와 상대평가의 장점을 모두 잃고 두 평가방식의 단점만 취하게 될 가능성도 있습니다. 그리고 절대평가는 학급별 평가제와 함께 시행될 때 더 큰 효과가 발휘될 수 있습니다. 학급별 평가제 없이 절대평가제만 실행해서는 절대평가제의 장점을 충분히 살릴 수 없습니다.

상대평가 방식의 학교 시험으로 인해 학교는 학원보다도 더 경쟁적입니다. 학교가 학원보다도 교육적 가치를 더 많이 잃어버렸습니다. 학원에서는 학원 친구들이 입시경쟁에서 그렇게 살벌하고 적대적인 경쟁자만은 아닙니다. 하지만 내신성적을 둘러싼 경쟁만을 생각한다면 학교에서 친구들은 철저히 경쟁자일 뿐입니다.

학교 시험은 입시와는 달라야 합니다. 교육적 가치를 배제해서는 안됩니다. 학교 시험이 입시로서의 역할만 생각하는 순간 학교 교육은 망가집니다. 이제 우리도 학교 시험에 절대평가제를 도입해야 합니다. 학교 시험의 교육적 가치를 회복해야 합니다. 무엇보다 무학년 학점제에는 절대평가가 맞습니다. 물론 무학년 학점제와 관계 없이도 절대평가제는 의미가 있습니다.

교과서 자유발행제

무학년 학점제는 또한 '교과서 자유발행제'와 함께 시행하는 것이 좋습니다.

무학년 학점제가 성공하려면 학생들의 학습능력을 고려한 다양한 교과서가 존재해야 합니다. 그리고 교사는 자신의 수업에 맞는 교과서를 자유롭게 선택할 수 있어야 합니다. 그런데 지금의 교과서는 내용이 매우 획일적입니다. 물론 지금도 교과서의 종류는 적지 않습니다. 국어과목은 20종이 넘는 경우도 있습니다. 하지만 실제 내용을 보면 크게 다르지 않습니다. 그게 그것이라는 생각이 듭니다.

교과서 자유발행제라 했지만 또한 교사 개개인이 교과서 선택권을 갖는 것도 매우 중요합니다. 선진국의 경우는 수업교재 선택과

사용의 실질적인 권한이 교사에게 있다고 합니다. 그러나 우리나라에서는 교사 개개인이 아니라 학교에 있습니다. 교사 개개인의 차원에서는 선택권이 없습니다. 자신의 수업스타일과 맞지 않는 교과서일지라도 학교 차원에서 결정되면 울며 겨자 먹기로 그 교과서를 가지고 수업을 해야 합니다. 그래서 현재의 교과서제도는 (종수가 매우 다양함에도 불구하고) 학교 수업을 획일적으로 만드는 중요한 원인이 되고 있습니다. 무학년 학점제에 따른 다양한 수업이 가능하기 위해선 다양한 교과서가 존재해야 하고, 교사 개개인이 자유롭게 교과서를 선택할 수 있어야 합니다.

물론 반드시 교과서 '자유발행제'를 고수할 필요는 없습니다. 교과서 '등록제'일 수도 있고 '신고제'일 수도 있습니다. 무엇이 되든 중요한 것은 교과서 발행의 진입 문턱을 대폭 낮춰야 한다는 것입니다. 교사 개인이 자기 저서를 출판할 때보다 특별히 더 어렵지 않아야 합니다. 아니 오히려 정부의 지원을 통해 더 쉽게 하는 것도 생각해봐야 합니다.

저는 앞에서 무학년 학점제를 실행하지 않는다 할지라도 학급별 평가제만은 반드시 실행해야 한다고 말한 바 있습니다. 교과서 자유발행제도 마찬가지입니다. 무학년 학점제를 실행하지 않는다 할지라도 교과서 자유발행제는 그 자체로 의미가 있습니다.

학급별 평가제와 교과서 자유발행제가 함께 시행되면 우리의 학교 교육은 크게 발전할 수 있습니다. 교사 개개인이 각각 자신의 능력을 가장 잘 살릴 수 있는 교과서를 선택하고, 자신이 가장 잘할 수 있는 방식으로 수업을 할 수 있게 되기 때문입니다.

고교평준화

고교평준화 정책도 함께 시행하는 것이 좋습니다.

무학년 학점제는 평준화의 단점을 보완할 수 있는 교육과정입니다. 무학년 학점제를 시행하면 평준화의 단점을 보강하기 위한 목적으로 등장했던 특수목적고(여기서는 외국어고, 과학고 등을 말합니다. 최근 등장한 마이스터 고등학교를 뜻하는 것은 아닙니다)와 자율형사립고 등은 그 존재이유가 현저히 적어집니다. 이들 학교는 일반고로 전환하는 것이 옳다고 생각합니다. 일반고로의 전환은 간단합니다. 이들 학교가 매해 새로 입학하는 학생들을 일반고처럼 추첨(또는 선지원 후추첨)에 의해 받아들이면 됩니다.

고교평준화를 시행하면 고교입시가 필요 없습니다. 이렇게 되면 중학교에서도 큰 무리 없이 무학년 학점제를 시행할 수 있습니다.

한편으로 고교평준화는 고등학교에서 무학년 학점제를 시행하는 데에도 유리한 여건을 조성해줍니다. 무학년 학점제로 인해 내신 성적의 변별력이 줄면 특목고와 자사고 등이 입시에서 현저히 유리해집니다. 당연히 특목고와 자사고 쏠림 현상이 매우 심해지게 됩니다. 이것은 중학교 교육에도 부정적인 영향을 미치고, 교육불평등을 심화시킬 것입니다. 이로 인해 무학년 학점제에 비판적인 사람들이 늘어날 것입니다.

고교평준화는 이러한 무학년 학점제의 방해요소들을 상당부분 미리 제거할 수 있습니다.

4

새로운 내신제도의 필요성

두 마리 토끼를 모두 잃은 학교 교육

오랫동안 여러 사람이 이 문제 많은 내신제도를 개선하려 애써왔습니다. 그런데 우리나라 상황에서는 '무학년 학점제' '학급별 평가' '절대평가' 그 어느 것도 실행이 쉽지 않습니다. 현 내신제도와 정면으로 상충하기 때문입니다. 우리나라에서 학교 시험(내신) 성적은 그대로 입시의 역할을 하고 있습니다. 고등학교 시험은 대학입시 역할을 하고, 중학교 시험은 고교입시의 역할을 하고 있으니까요.

대학은 고등학교 내신성적을 입시에 곧바로 반영할 수 있습니다. 대학은 이를 위해 별다른 노력을 할 필요가 없습니다. 입시에서 내신성적의 반영비중을 어느 정도로 할 것인가만 정하면 됩니다. 그렇게 할 수 있도록 전국의 학교가 각각 자기 학교 학생 전체를 일렬로 줄 세워주기 때문입니다. 내신 반영비율만 정하면 나머지는 컴퓨터가 다 알아서 해줍니다. 과목별 가중치를 둔다든지 하면 약간의 변형이 필요하지만 이 또한 너무나 간단한 일입니다. 고교입시도 마찬가지입니다. 중학교 내신을 입시에서 얼마나 반영할지만 정하면 됩니다. 어떤 과목을 얼마 만큼 반영할 것인지만 정하면 컴퓨터가 다 계산해줍니다.

하지만 입시에 편리하게 사용하도록 만든 내신제도는 학교 교육을 망치는 독으로 작용했습니다. 무엇보다 학교 시험의 교육적 가치를 훼손했습니다. 가까운 학급 친구를 적대적 경쟁자로 만들었습니다. 그 댓가로 학교 교육의 경쟁력을 높였다면 그나마 다행입니다. 하지만 학교 교육은 그로 인해 오히려 경쟁력마저 상실했고, 학원과의 격차는 점점 더 벌어지고 있습니다. 처음에 이렇게 입시에 반영하기 쉬운 내신제도를 만든 것은 학교 수업을 보호하기 위해서였을 것입니다. 하지만 의도와는 다르게 오히려 학교 수업을 죽여버렸습니다.

저는 학원강사 경험이 있는 사람입니다. 대학시절 민주화운동을 하다 구속되었다는 이유로 정부가 교사임용을 막는 바람에 할 수 없이 학원에서 생계를 유지했습니다. 김대중정부가 특별법을 만들어 저 같은 사람도 교사임용을 받게 해주었을 때 저는 조금의 망설임도 없이 교사가 되었습니다. 무엇보다 입시교육이 아닌 제대로 된 교육을 하고 싶은 욕망이 컸습니다.

하지만 저에게 학교는 학원보다도 오히려 더 철저하게 입시에 얽매인 곳이었습니다. 입시에 얽매이지 않는 수업다운 수업을 해보겠다는 소망으로 학원을 그만두고 교사가 된 것은 세상물정을 몰라도 한참이나 모르고 한 짓이었습니다.

특히 내신제도에 따라 이루어지는 학교 시험은 수업을 완전히 옭아매어 꼼짝도 할 수 없이 만들었습니다. 그런데 그런 학교 시험이라는 것이 기껏해야 80년대 학력고사와 흡사한 시험이었습니다. 결국 저는 수능시험과 논술고사라는 입시에서 벗어나려다가 수능시험에 자리를 내주고 퇴출된 학력고사라는 낡은 입시에 얽매인 꼴이 돼버렸던 것입니다. 이리를 피하니 범이 앞을 가로막는다는 속담이 딱 들어맞은 꼴이었습니다.

당시 제 눈에는 내신제도가 지금의 형태로 존재하는 한 학교 수업은 영원히 틀에 박히고 단순한 저차원적인 수업을 벗어날 수 없는 것으로 보였습니다. 모든 교사가 내신이라는 획일적 시험에 서로 꽁꽁 묶여서 창의력을 억압당하고 있었습니다. 적벽대전에서 조조의 배들이 쇠사슬로 꽁꽁 묶여 불구덩이에서 도망치지 못하고 침몰했듯, 학교 교육은 내신이라는 쇠사슬에 묶여 그렇게 침몰하고 있는 것으로 보였습니다. 그리고 이런 현실은 지금까지 조금도 달라지지 않았습니다.

두가지 문제, 하나의 답

학교 수업의 경쟁력 향상과 입시대응력 향상은 학교개혁의 중요한 과제여야 합니다. 그런데 우리 사회는 이런 말을 하면 학교 교육이 추구해야 할 교육적 가치를 훼손하자는 말처럼 받아들이는 경향이 있습니다. 물론 이해하지 못할 바는 아닙니다. 잘못된 방식으로 경쟁력 향상을 추구하면 학교 수업의 교육적 가치를 심하게 훼손할 수 있습니다.

하지만 제대로만 한다면 학교 수업의 입시대응력을 높이는 것과 교육적 가치를 높이는 것은 서로 대립하지 않습니다. 오히려 일치하는 측면이 더 큽니다. 물론 학교 수업의 입시대응력과 교육적 가치가 상충할 때 우리는 함부로 입시대응력을 주장해선 안됩니다. 입시대응력과 교육적 가치 중 하나만 선택해야 한다면 입시대응력을 버리고 교육적 가치를 선택할 수 있어야 합니다. 학교는 학원과는 달라야 합니다. 그러나 우리는 입시대응력의 향상이 교육적 가치와 항상 대립한다는 경직된 사고에서도 벗어나야 합니다.

입시대응력을 높이려면 학교 수업은 '학력고사 패러다임'의 수업에서 벗어나 수업의 차원을 높여야 합니다. 학교 수업의 차원을 높이는 것은 물론 교육적으로 바람직한 일입니다. 수업의 차원을 높임으로써, 교육적 가치를 추구하고 학교 수업의 입시대응력을 높이는 것, 이 두마리 토끼를 동시에 잡을 수 있는 것입니다.

우리는 입시교육이라는 말로 뭉뚱그려 얘기하지만 그 안에도 다양한 차원의 교육이 존재할 수 있습니다. 설명의 편의를 위해 1차원, 2차원, 3차원, 4차원의 교육이 존재한다고 가정해보겠습니다. 4차원 이상의 고차원적 교육이 이루어지려면 입시를 넘어서야 가능하고, 입시에 얽매이는 한 우리가 도달할 수 있는 것은 3차원적 교육까지라고 하겠습니다.

그런데 대한민국 학교 교육은 몇 차원적 교육일까요. 우리의 학교 교육은 과연 3차원적인 입시교육을 하고 있을까요. 그래서 이제는 4차원적 교육으로 발전해야 하기에 입시의 폐지를 절실히 필요로 하고 있는 것일까요. 혹시 우리나라 학교 교육은 아직도 1차원적 교육을 하고 있는 것은 아닐까요. 3차원은커녕 2차원적 교육에도 도달하지 못하고 1차원적 교육에 머물고 있는 것은 아닐까요. (여기서 1~4차원이란 말은 교육을 잘하고 못하고를 가리키는 말이 아닙니다. 1차원 교육에도 잘하는 교육과 못하는 교육이, 4차원 교육에도 잘하는 교육과 못하는 교육이 있을 수 있습니다. 여기서 말하는 차원은 곧 교육의 기본 틀, 패러다임입니다.)

편의상 시험을 가지고 설명해보겠습니다. 대학입시에는 세가지 시험이 관여합니다. 학교 시험(내신), 수학능력시험, 대학별 논술고사. 이 중에서 교육의 원론적 측면에서 가장 가치있는 시험은 학교 시험입니다. 실제로 많은 사람들이 당위적 차원에서는 그렇게 생각하고 있습니다. 그러나 시험 자체만 보았을 때는 셋 중 가장 저차원적 시험이 학교 시험입니다. 말도 많고 탈도 많지만 가장 차원 높은 시험이 대학별 논술고사입니다. 즉 1차원-학교 시험, 2차원-수학능력시험, 3차원-대학별 논술고사, 이런 도식화가 가능한 것입니다.

물론 현재의 논술시험 문제가 과연 충분히 좋은 시험문제인가, 더 좋은 문제를 출제할 수는 없는가는 별도로 따져봐야 할 일입니다. 하지만 중요한 것은 논술시험의 패러다임이 학교 시험의 패러다임보다 훨씬 차원이 높다는 것입니다.

교육적 측면에서 가장 가치있는 시험인 학교 시험이 가장 저차원적이라는 것은 큰 문제입니다. 학교 시험은 80년대에 존재했던 학력고사와 비슷한 차원에서 문제가 출제됩니다. 학력고사는 수능시험보다 단편적인 암기지식이 훨씬 많이 요구됩니다. 주어진 교재를 달달 외우는 단순성실성이 가장 필요한 시험입니다. 창의적 사고력은 특별히 요구되지 않습니다. 교사는 교재의 내용을 일방적으로 설명하고 학생들은 앉아서 듣기만 하는 수업에 가장 잘 어울리는 시험입니다. 그리고 학생들을 가장 수동적으로 만드는 시험입니다. 채택한 교과서와 교재에서만 그대로 출제되어 학생들이 폭넓은 교양 습득을 위해 노력할 필요를 전혀 느끼지 못하게 하는 시험입니다.

시험은 수업과 서로 밀접하게 연관됩니다. 학교 시험의 기본 패러다임이 1차원적이라는 것은 학교 수업의 기본 패러다임 또한 1차원적임을 말해줍니다. 물론 예외는 있습니다. 일부 교사들의 영웅적인 노력에 의해 입시의 틀을 넘어서는 수업이 진행되기도 합니다. 하지만 그런 수업은 주류가 아니며, 영원히 주류가 될 수 없을 것입니다. 지금의 제도와 환경에서 그런 수업은 지속과 확산이 불가능합니다. 지금대로라면 앞으로도 학교 수업의 주류는 1차원 패러다임의 수업일 수밖에 없습니다.

결국 우리나라에서는 학교와 학원을 통틀어도 입시수업을 넘어서는 고차원적 수업은 존재할 수 없습니다. 어쩔 수 없이 입시에 한 발을 담그지만 그래도 다른 한 발만은 입시를 넘어선 곳에 두는 것은 학교 수업에서만 가능합니다. 학원은 기본성격상 두 발을 모두 입시에 담글 수밖에 없습니다. 입시를 넘어서는 고차원적 패러다임의 수업이 어느정도라도 가능한 곳은 오직 학교뿐입니다. 그런데 지금의 학교 수업은 고차원적 패러다임에 한 발을 담그기는커녕 두 발 모두를 1차원적 수업에 담그고 있습니다.

학교 수업이 어쩔 수 없이 한 발을 입시에 걸칠 수밖에 없다면 그 대상은 수능시험이나 대학별 논술고사여야 합니다. 오래전에 폐기처분된 80년대 학력고사 패러다임의 시험에 발을 걸쳐서는 안됩니다. 앞으로의 변화를 통해 학교 수업이 한 발은 입시(수능시험과 대학별 논술고사)에 걸치지만 다른 한 발만은 입시를 넘어선 곳을 향하게 된다면, 그 자체가 우리 교육의 큰 발전일 것입니다. 그리고 현실적으로 우리가 이룰 수 있는 것은 거기까지입니다.[11]

학교 수업의 입시대응력을 높이는 것은 결코 교육적 가치를 버리는 것이 아닙니다. 제대로 하면 오히려 교육적 가치를 살리는 일입니다. 교육적 가치와 입시경쟁력을 동시에 추구하는 것은 충분히 가능합니다.

사실 현재 우리의 학교 교육은 입시교육이냐 아니냐를 따지는 것이 한가하게 느껴질 만큼 심각한 상황입니다. 학교붕괴니 교실붕괴니 하는 말이 등장한 지도 오랜 세월이 흘렀습니다. 시간이 흐를수록 상황은 더 나빠지고 있는 것 같습니다. 수업이 붕괴하면 학교의 존재이유가 사라집니다. 수업에서 권위를 잃은 학교가 다른 교육을 제대로 할 수는 없습니다. 학교가 인성교육을 제대로 하지 못하는 것도 수업의 권위 상실이 한 원인일 수 있습니다. 실제로 인성교육 조차도 학교보다 학원이 더 잘한다는 연구결과도 있었습니다.[12]

학교 수업의 무기력을 말할 때 우리는 두가지 면을 함께 살펴봐야 합니다. 수업 자체가 상당히 부실하다는 것, 그리고 수업이 제대로 이루어질 때조차도 그것이 입시에 도움이 되지 않는다는 것입니다.

그러니 우리에게는 과제도 두가지 있는 셈입니다. 학교 수업이 제대로 이루어지게 하는 것, 그리고 그 학교 수업의 차원을 높여 입시 경쟁력을 향상시키는 것 말입니다. 그리고 이 둘 모두는 교육의 가치와 일치하는 것입니다.

우리는 이를 실현하기 위해 현재의 내신제도를 폐기하고 새로운 내신제도를 도입해야 합니다. 물론 그 새로운 내신제도는 무학년 학점제·학급별 평가·절대평가를 핵심으로 하는 내신제도입니다.

새로운 내신제도, 특히 무학년 학점제 교육과정을 도입하는 것은 우리 교육을 획기적으로 바꾸기 위해 매우 필요한 일입니다. 단순히 학교 교육을 지금보다 상당히 좋게 만드는 것이 목표라면 다른 정책들만으로도 가능하겠지만, 사교육과의 경쟁까지를 염두에 둔다면 이 정책이 반드시 필요합니다. 이 정책이 실행되지 않고서 학교 교육이 사교육과의 경쟁에서 충분한 경쟁력을 갖는 것은 불가능합니다. 그리고 이 정책은 학교 교육의 차원을 높이기 위해서도 반드시 필요합니다. 단순히 지금의 교육을 더 좋게 만드는 것이 목적이 아니라 학교 교육의 질적 고양을 꾀한다면 이 정책이 꼭 필요합니다.[13]

5

새로운 내신제도의 딜레마

앞에서 본 새로운 내신제도의 핵심은 무학년 학점제·학급별 평가·절대평가입니다. 그런데 세가지를 핵심으로 하는 새로운 내신제도에서는 냉혹한 줄 세우기가 사실상 불가능합니다. 무학년 학점제·학급별 평가·절대평가는 학교 수업의 경쟁력과 교육적 가치 향상에는 기여하겠지만 내신제도가 가진 입시 기능은 현저히 약화시킬 것입니다.

학생들마다 수업단계가 다르고 교사마다 평가가 달라지는데 어떻게 전교생을 일렬로 줄 세우겠습니까. 그리고 우리 현실에서 절대평가는 필연적으로 성적 부풀리기 현상을 초래할 텐데 어떻게 줄 세우기를 하겠습니까. 입시의 생명력은 냉혹한 줄 세우기(를 통한 변별력 확보)에 있습니다. 줄 세우기를 할 수 없으면 입시 기능은 약화될 수밖에 없습니다.

그런데 학교 시험이 가진 입시로서의 기능이 약화된다는 것은 많은 사람의 염려를 불러일으킬 것입니다. 가뜩이나 권위를 잃은 학교 수업이 더 설자리를 잃어버리지 않을까, 지금도 학원과의 경쟁에서 밀리는 학교 수업이 학생들에게 더 외면당하게 되지 않을까 하는 염려입니다. 이러한 염려는 그 나름의 타당성을 갖습니다.

무학년 학점제·학급별 평가·절대평가는 학교 교육을 살리기 위한 중요한 제도적 장치입니다. 이것 없이 학교 수업은 절대로 살아날 수 없습니다. 하지만 이를 실행하는 순간, 학교는 학생들을 학교 수업에 잡아두던 중요한 무기를 잃어버리게 됩니다.

학교 교육을 살리려면 새로운 내신제도를 도입해야 하는데, 그렇게 되면 학교 시험이 입시기능을 잃어버릴 수 있다…… 참 이럴 수도 저럴 수도 없는 상황입니다. 딜레마입니다. 어찌해야 할까요? 이 딜레마에서 벗어날 명쾌한 해법은 없을까요?

그게 뭐 대단한 딜레마인가, 생각하는 분도 있겠습니다. 학교 교육을 살리기 위해 내신을 버려야 한다면 버리면 그만이지 뭘 고민을 그렇게 하느냐고 생각할 수도 있습니다. 하지만 현재의 내신제도는 한편으로는 긍정적인 역할을 하고 있습니다. 분명히 일정하게는 우리 사회의 교육불평등 현상을 완화하는 역할을 하고 있습니다. 아시다시피 현 내신제도에서는 서울 강남 학교의 1등과 강북 학교의 1등이, 그리고 시골 학교의 1등까지도 입시에서 다 똑같은 대접을 받습니다. 교육불평등에 주목하는 사람들에게 이것이 주는 긍정적 효과는 매우 큰 것이 사실입니다. 그러니 함부로 그렇게 쉽게 판단할 문제가 아닙니다.

물론 다른 한편으로 현재의 내신제도는 빈부 격차에 따른 불평등을 심화시킵니다. 현재의 내신제도는 학교를 무능하게 만든 중요한 요인인데, 학교가 무능할수록 입시에 대한 사교육의 영향력은 더욱 커지게 마련이고, 사교육의 영향력이 커질수록 입시경쟁에서는 부자가 훨씬 유리하기 때문입니다.

내신제도의 불평등 완화효과가 더 클까요, 심화효과가 더 클까요? 저는 내신제도로 인한 불평등 심화효과가 더 클 거라고 생각합니다. 그리고 현 내신제도의 불평등 완화효과를 너무 과장하면 안된다고 생각합니다. 내신제도는 학교와 학교 간의 불평등만을 완화할 뿐, 한 학교 내의 불평등은 조금도 완화하지 못합니다. 같은 학교 학생이라고 모두 경제적 처지가 비슷한 게 아닙니다. 한 학교 안에서도 빈부 격차는 꽤 큽니다. 그러나 현재의 내신제도로 인해 교육불평등이 심화된다는 것은 입증이 어렵습니다. 저의 주장은 논리적 추론에 가깝습니다. 반면에 불평등을 완화하는 효과는 쉽게 확인할 수 있습니다. 논리적 추론 없이 직감적으로 느낄 수 있습니다.

현재의 내신제도가 제법 많은 사람의 지지를 받고 있는 것도 이런 이유입니다. 그러니 입시변별력을 상실할 수 있는 새로운 내신제도를 도입하려면 많은 사람이 반대할 수 있습니다. 이러한 반발을 생각하면 새 내신제도의 입시변별력 상실은 큰 약점일 수 있습니다. 그것은 무학년 학점제·학급별(수업별)평가·절대평가의 도입에 심각한 장애가 될 수 있습니다.

이에 대해 저는 『교육을 잡는 자가 대권을 잡는다』에서 입학사정관제도를 대안으로 제시한 적이 있습니다. 새로운 내신제도에서 학생들을 엄밀하게 줄 세우는 변별력을 갖지 못해도 입학사정관들이 그 학생의 내신성적이 갖는 의미를 해석해서 입시에 반영할 수 있다고 주장했던 것입니다.[14]

얼토당토않은 얘기는 아니지만 지금 생각하니 제가 문제를 은근슬쩍 비껴가려 한 것 같습니다. 아무리 입학사정관제가 제대로 역할을 한다 해도 새로운 내신제도가 충분한 입시변별력을 갖기는 역부족일 수밖에 없습니다. 그리고 입학사정관제는 교육불평등 문제를 해결하기보다는 문제를 악화시키는 방향으로 작용할 가능성이 매우 큰 제도입니다.

결단이 필요하다

결국 딜레마에서 벗어나게 해줄 해결책은 없습니다. 이거냐 저거냐 사이의 선택만이 있을 뿐입니다. 둘 다 가질 수는 없습니다. 대부분의 사람들은 이 딜레마를 은근슬쩍 외면합니다. 애써 못 본 체합니다. 슬쩍 넘어가기만 하면 그나마 다행입니다. 상당수 사람들은 그 딜레마 속에서 아예 모순적인 주장을 하기도 합니다.

우리나라에는 시험으로 학생들을 일렬로 줄 세우는 행태를 강하게 비판하는 사람들이 많습니다. 그런데 그 사람들 중 상당수는 현재의 내신제도를 더 강화해야 한다는 생각을 가지고 있습니다. 이것은 모순적인 생각입니다.

교사에게 온전한 평가권을 주어야 한다고 주장하는 사람들이 있습니다. 그렇게 하려면 '학급별 평가(교사별 평가)'를 도입해야 합니다. 그런데 그들 중 상당수는 현 내신제도를 강하게 옹호합니다. 이것은 명백히 모순입니다.

우리는 '현 내신제도의 강화'와 '교사의 전적인 평가권한', 둘 중에서 하나만 가질 수 있습니다. 마찬가지로 우리는 '현 내신제도의 강화'와 '절대평가'에서 둘 중 어느 하나만을 가질 수 있습니다.

하지만 많은 사람들이 서로 모순되는 두가지 전부를 가지려 합니다. 여기선 이걸 옹호하고 저기선 다른 것을 옹호합니다. 여기선 이것을 비판하고 저기선 다른 것을 비판합니다. 이 모순적인 태도는 교육문제를 실제적으로 해결하려는 태도가 아닙니다. 영원히 방관자의 입장에서 비판만 하겠다는 사람의 태도에 불과합니다.

결단이 필요합니다. 내신성적이 입시에 그대로 반영되도록 설계된 현재의 내신제도를 유지할 것인가. 아니면 무학년 학점제·학급별 평가·절대평가라는 새로운 내신제도를 통해 학교 교육을 살릴 것인가.

물론 저는 무학년 학점제·학급별 평가·절대평가를 핵심으로 하는 새로운 내신제도를 도입해야 한다고 생각하는 사람입니다. 제 주장은 조금도 특이한 것이 아닙니다. 다른 나라의 학교 교육에서는 보편적으로 시행되고 있는 것입니다. 물론 새로운 내신제도를 도입하면 입시에서 내신제도의 영향력은 쇠퇴하게 됩니다. (불평등 완화 같은)내신제도의 장점도 줄어듭니다. 저는 이걸 감수해야 한다고 생각합니다. 학원을 생각해보십시오. 학원에서도 학생들은 시험을 치릅니다. 학원 시험성적은 입시에 반영되지 않습니다. 그래도 학생들은 학원시험에 나름대로 최선을 다합니다.

학교가 학생을 잡아두는 방법이 오직 내신제도 하나뿐이라면 도대체 학교가 존재할 이유는 무엇입니까. 입시에 곧바로 반영되는 학교 성적만이 학교가 학생을 이끌 수 있는 유일한 방법이라면 학교는 도대체 우리에게 어떤 존재입니까.

학교 수업이 살아나려면 무학년 학점제·학급별 평가·절대평가가 존재하는 선진국형 내신제도를 도입해야 합니다. 그것이 학교 교육이 걸어가야 할 정도(正道)입니다. 현재의 내신제도는 교육적 가치를 버리고 입시의 역할에만 충실합니다. 그렇게 함으로써 손쉽게 학생에 대한 지배력을 높이려 합니다. 하지만 불행히도 그것은 학교 교육을 망치는 길입니다. 그 결과 학교 교육은 교육적 가치만 잃어버린 게 아니라 학교 수업의 경쟁력마저 잃어버렸습니다. 그래서 결국은 학생에 대한 지배력마저 잃고 있습니다.

변별력 없는 내신제도는 무용지물인가

고교평준화가 시행되면 중학교에 새로운 내신제도를 도입하는 데 아무 문제가 없습니다. 저는 실제로 고교평준화를 통한 고교입시의 폐지를 염두에 두고 이 정책을 제안하고 있습니다. 고교평준화가 온전히 시행되면 중학교에 학급별 평가제와 절대평가제를 별 어려움 없이 시행할 수 있습니다. 마음만 먹으면 무학년 학점제도 충분히 가능합니다.

문제가 되는 것은 고등학교입니다. 대학입시는 고교입시와 달리 폐지가 불가능합니다. 그렇다면 새로운 내신제도에 따른 고등학교 성적은 입시에서 완전히 무용지물이 되는 걸까요? 반드시 그렇지는 않습니다.

변별력이 있든 없든 학교 성적은 대학입시에 반영해야 합니다. 새로운 내신제도는 국가의 강제력에 의해 보호받아야 합니다. 변별력 없는 고교내신을 입시에 강제로 반영하는 게 무슨 소용이냐는 비판이 있을 수 있습니다. 사실 눈 가리고 아웅 하는 데 불과하단 생각이 들기도 합니다. 하지만 저는 정부가 고교 내신성적을 대학입시에 반영하도록 강제하는 것이 그 나름의 의미가 있다고 생각합니다. 입시에서 실질반영률이 매우 미미하다 할지라도 그것만으로도 학교 수업에 상당한 권위를 부여할 수 있다고 생각하기 때문입니다.

예컨대 이렇습니다. 최상위권 대학에 지원한 학생들의 학교 성적은 대부분 최고 점수일 것입니다. 성적 부풀리기가 존재할 수밖에 없는 절대평가제도에서 이는 충분히 예상할 수 있는 일입니다. 모든 과목에서 A학점일 가능성이 큽니다. 이 학생들끼리는 내신성적에서 변별력이 없는 것이지요. 그런데 어느 학생이 학교 수업에 아주 불성실해서 B나 C학점을 받은 과목이 몇개 있다고 가정을 해보죠. 이 학생의 내신성적은 다른 학생에 비해 매우 낮은 게 됩니다. 물론 입시에서 불리하게 작용합니다. 저는 이 정도만으로도 학생들이 학교 수업을 함부로 대할 수 없게 할 수 있다고 생각합니다.

그런데, 방금 어느 학생이 학교 수업에 불성실해서 B나 C학점을 받는다고 가정했지만, 지금의 내신제도에서는 수업시간에 불성실했다고 해서 성적이 나쁘게 나오는 경우는 거의 없습니다. 수행평가란 게 있긴 하지만 학교 성적은 주로 지필평가를 통해 결정되기 때문입니다.

하지만 학급별 평가가 도입되어 수업을 담당한 교사가 평가에 전적인 권한을 갖게 되면 상황이 달라집니다. 교사는 학생의 수업태도를 얼마든지 성적에 반영할 수 있습니다. 수업에 지나치게 불성실하게 임하는 학생에게 얼마든지 낮은 학점을 줄 수 있습니다. 지금의 내신제도에서는 수업에 심하게 불성실한 학생이라도 시험만 잘 보면 높은 성적을 받을 수 있습니다. 하지만 새로운 내신제도에서는 이러한 학생이 높은 성적을 받기는 어려워질 것입니다.

이런 까닭으로 정부는 대학들이 고등학교 내신성적을 입시에 반영하도록 강제할 필요가 있습니다. 그것만으로도 학교 수업에 상당한 도움이 될 수 있습니다. 교사에게 상당한 힘이 될 수 있습니다. 저는 이 정도만으로도 내신제도의 권위는 충분하지 않을까 생각합니다. 사실 내신의 지나친 강화는 학생에 대한 교사의 과도한 지배라는 부작용을 낳을 수 있습니다. 이러한 우려는 일본에서도 오래전부터 있어온 것입니다.

전쟁 전에 내신서(內申書) 제도는 수험경쟁을 완화하고 시험공부에 치우치는 풍토를 막기 위해 도입되었다. 그러나 오늘날에도 그렇지만 내신서 제도는 경쟁을 완화한 것이 아니라 교사의 은밀

한 지배를 오히려 강화하는 것밖에 되지 않았다.[15]

　학급별 평가를 통해 교사에게 전적인 평가권한이 부여된 상황에서 내신의 변별력까지 강화되면 학생에 대한 학교의 통제가 지나치게 커질 수 있습니다. 우리는 이러한 부작용도 생각해봐야 합니다. 새로운 내신제도는 한편으론 분명 학생에 대한 교사의 통제력을 약화시킵니다. 하지만 그것은 학급별 평가, 즉 교사별 평가를 통한 교사의 통제력 강화로 상당부분 상쇄될 수 있습니다.

　우리는 학교 내신제도를 선진국 수준 이상으로 발전시켜나가야 합니다. 그렇게 되면 내신제도가 입시에서 큰 역할을 할 수 있을 것입니다. 물론 그것은 오랜 세월을 필요로 합니다. 학교만 변해서 될 일도 아닙니다. 사회 전체가 변해야 가능한 일입니다. 안타깝지만 그것이 우리의 냉혹한 현실입니다.

1

이상한 조직·분업·승진체계

학교인가 동사무소인가

몇년 전 『학교개조론』(미래인 2007)이란 책을 출간했습니다. 제법 큰 반향을 불러일으킨 책입니다. 이 책을 읽은 선생님 한분으로부터 편지를 받았습니다. 그 편지의 일부를 소개하겠습니다. 이분도 저처럼 대학 졸업 후 바로 교사가 되지 못하고 학원강사 생활을 했던 분입니다.

(…) 더 충격적인 사실은 학교가 교육하는 곳이 아닌 동사무소 같은 분위기라는 점이었습니다. 동사무소도 이런 동사무소가 없겠다 싶었습니다. 학원에서는 쉬는 시간이 수업연구와 학습자료

개발에 열을 올리는 시간인 데 반하여 학교에서는 이 시간이 공문서에 열을 올리는 시간이었습니다. 좀더 솔직히 말해서 공부하는 교사의 모습을 거의 볼 수 없었습니다. 모든 에너지를 공문서 작성에 빼앗기고 있었기 때문입니다. 그래서 '이곳은 학교가 아니야'라고 매일 되뇌게 되었습니다.

학교도 학원처럼 자기 연찬이 가능한 줄 알고 『타임』(Time)지를 구독하고 영어 인터넷사이트에 영어청취 강좌도 신청했습니다. 담임을 맡긴 했으나 50대여서 행정업무는 거의 주지 않아 다른 선생님들보다 시간적 여유는 조금 많았지만, 사무에 여념이 없는 다른 교사들의 눈치가 보여 편안하게 책을 보고 영어 청취력 향상을 기할 수 있는 분위기가 아니었습니다. 그냥 돈만 날렸습니다.[1]

이런 학교가 학생 교육을 잘하는 것은 불가능해 보입니다. 그런데 이 모습은 결코 예외적인 것이 아니라 우리나라 학교가 보이는 보편적인 모습입니다. 우리 학교에서는 어떻게 해서 이런 일이 일어나게 된 걸까요. 이 현상을 이해하려면 학교만의 독특한 제도와 씨스템을 살펴보아야 합니다. 이제 여러분에게 대한민국 교육을 망치는 학교의 독특한 분업체계·조직체계·승진체계에 관해 설명해볼까 합니다.

교육은 외면, 업무 중심 조직체계

학교는 학생들을 교육하기 위해 존재하는 곳입니다. 그런데 대한민국 학교는 그 기본 조직체계가 교육이 아니라 교무행정업무를 토대로 구축되어 있습니다. 학교의 존재이유가 교육에 있고, 그중에서도 가장 중요한 것이 수업이라면, 학교의 조직체계는 수업을 토대로 이루어져야 마땅할 것입니다. 중·고등학교는 국어과·영어과·수학과 등 교과를 토대로 조직되고, 초등학교는 학년을 토대로 조직되어야 마땅합니다.

하지만 대한민국 학교의 조직체계는 수업을 토대로 만들어져 있지 않습니다. 교무행정업무를 토대로 만들어져 있습니다. 교무기획부·교육연구부·교육정보부 등으로 불리는 부서는 그 업무가 거의 100% 교무행정입니다. 그밖의 다른 부서들도 교무행정업무가 주된 일이고 직접적인 교육활동은 부차적인 일입니다.

그래서 대한민국 학교는 교육 위에 교무행정업무가 군림합니다. 교장·교감은 물론이고 교사의 주된 관심과 에너지가 교무행정업무에 집중됩니다. 교사가 개인적으로 교육에 더 많은 관심과 에너지를 쏟으려 하면 학교의 조직체계와 자꾸 갈등을 빚고 충돌하게 됩니다.

인터넷 검색으로 병원의 조직도를 한번 살펴보십시오. 서울대병원이든 세브란스병원이든 어떤 병원이라도 좋습니다. 병원 조직도를 통해 환자를 치료하는 의사들이 어디서 근무하는지 대략 알 수 있습니다. 세브란스병원 조직도를 보니 소화기내과·호흡기내과·흉부외과·신경외과 등으로 구성되어 있습니다. 소화기를 전공한 의사는 소화기내과에서, 혈액을 전공한 의사는 혈액내과에서 근무하겠지요. 가정의학을 전공하면 가정의학과에서, 정신질환을 치료하는 의사는 정신과에서 근무할 것입니다.

병원은 환자의 치료를 목적으로 하는 곳이고, 학교는 학생 교육을 목적으로 하는 곳입니다. 병원 의사는 학교의 교사에 해당한다고 볼 수 있습니다. 그렇다면 학교에서 국어를 가르치는 교사는 어디서 근무할까요? 국어과에서 근무한다고 생각하십니까? 틀렸습니다. 영어를 담당하는 교사는 어디서 근무할까요? 영어과에서 근무할까요? 역시 틀렸습니다.

학교에서 교사들은 모두 교무행정을 담당하는 각각의 부서에서 근무합니다. 이것은 세브란스병원의 모든 의사가 병원 사무국에서 근무하는 것과 유사한 것입니다. 만약 병원의 의사들이 소화기내과, 호흡기내과 등으로 출근하지 않고 병원 사무국(원무과)으로 출근하여 근무한다면 어떤 일이 생길까요? 사무국 업무를 보는 중간중간에 환자를 치료한다면 병원엔 어떤 일이 발생할까요? 혹시 그런 병원이 있다면 절대로 가서는 안될 것입니다. 자칫 목숨을 잃을 수 있으니까요.

저는 사람들에게 가끔 이렇게 묻고는 합니다. '제가 학교에 가면 어디에서 근무한다고 생각합니까.' 사람들은 뭔 뜬금없는 질문을 하느냐는 표정을 지으며 '뭐, 국어교사니까 국어과에서 근무하는 것 아닌가?' 하고 답합니다. 그러나 저는 교사가 된 후 단 한번도 국어과에서 근무한 적이 없습니다. 물론 저만 그런 게 아닙니다. 모든 국어교사가 그렇습니다. 국어교사들만 그런 것이 아닙니다. 영어, 수학 교사들도 그러합니다. 사실상 학교의 모든 교사들이 그러합니다.

그러면 어디서 근무하느냐고요? 병원 원무과에 해당하는 '부서'에서 근무합니다. 교무부니 연구부니 하고 부르는 곳 말입니다. 부서가 학교의 기본 조직체계이기 때문입니다. 이러한 조직체계에서 교육이 제대로 이루어지기는 어려울 것입니다.

체계가 이렇다보니 교무회의도 교무행정업무 관련 내용이 대부분 의제로 상정됩니다. 수업에 관한 일이 의제로 상정되는 적은 거의 없습니다. 학교 간부들이 참여하는 회의도 마찬가지로 거의 모든 의제가 교무행정업무에 관한 것입니다. 보통 부장회의라고 부르는 간부회의는 교장, 교감, 행정실장, 그리고 10명 정도 되는 각 부의 부장(간부교사)이 참가하는 회의입니다. 대개 일주일에 1회 열립니다. 이 중요한 회의에서 수업 얘기는 거의 전무합니다. 교육에 관한 얘기 자체가 별로 없습니다.

학교 권력의 대부분을 가진 학교 관리자와 간부교사 들이 모여 하는 회의에서 교육에 대한 의제는 상정조차 되지 않는 일이 어떻게 발생할 수 있을까요. 그 구성원들의 마음가짐에서 비롯되는 측면도 있지만 학교의 조직체계에서 비롯되는 측면이 더 큽니다. 교무행정업무를 토대로 조직된 학교체계에서는 제아무리 훌륭한 사람이 교장이 되고 부장이 되어도 이런 식의 회의를 할 수밖에 없습니다. 학교의 진짜 중요한 일인 수업은 관심 밖에 놓이게 됩니다.

학교 조직체계가 상황을 그렇게 강제합니다. 조직체계만 가지고 본다면 학교는 교육기관이 아닙니다. 동사무소 비슷한 사무행정기관입니다.

비효율을 잉태한 분업체계

먼저 학교의 일을 구분해보겠습니다. 우선 크게 교육 업무와 교육외 업무, 두 부분으로 나눌 수 있을 것입니다.

교육외 업무는 다시 교무행정업무(교육을 지원하고 보조하는 업무), 회계·경리업무, 시설관리업무 등으로 나눌 수 있습니다. 설명의 편의를 위해 여기서는 회계·경리업무, 시설관리업무 등은 제쳐놓겠습니다. 그렇다면 우리는 학교의 업무를 '교육'과 '교무행정', 이렇게 둘로 나눌 수 있을 것입니다.

교육은 학생들을 가르치는 일입니다. 수업과 인성교육 등이 여기에 속합니다. 이 중 학교의 가장 중요한 일은 수업입니다. 실제로 가장 많은 시간이 수업에 할애됩니다. 인성교육도 중요합니다. 학교폭력이 문제되는 현재의 상황에서는 더더욱 그렇습니다. 물론 수업과 인성교육이 완전히 별개의 것은 아닙니다. 서로 중첩되는 면이 있습니다. 수업시간에도 얼마든지 인성교육을 할 수 있습니다. 수업과 인성교육 등의 교육활동은 학교 본연의 일이고, 교사 본연의 일이기도 합니다. 교육은 학교와 교사의 존재이유입니다.

교무행정업무는 사람들이 흔히 '잡무'라고 부르는 일입니다. 학교에서 교육이 잘 이루어질 수 있도록 지원하는 여러가지 업무라고 보면 됩니다. 잡무라는 말에는 교육 이외의 온갖 잡스러운 업무라는 의미가 있습니다. 하지만 이 업무는 잡스런 업무가 아닙니다. 엄연히 학교의 중요한 일입니다. 학교 교육이 제대로 이루어지려면 이

업무가 원활히 잘 돌아가야 합니다.

일반독자들이 교무행정업무가 무엇인지 제대로 이해하기는 쉽지 않을 것 같습니다. 병원 원무과나 국회 사무처가 하는 일이라고 생각하면 됩니다. 병원에서 환자를 치료하는 행위가 수업과 인성교육에 해당한다면 병원의 원무과가 하는 일은 교무행정업무에 해당한다고 보면 됩니다. 마찬가지로 국회의원이 하는 입법활동이 학교의 수업·인성교육에 해당한다면 국회 사무처의 일은 학교의 교무행정업무에 해당합니다.

인력을 어떻게 배치해야 효율적일까요. 당연히 교육과 교무행정에 전문인력을 각각 따로 배치해야 효율적일 것입니다. 이것은 지극히 상식적인 인력배치입니다. 그런데 우리나라 학교는 교사들을 교육과 교무행정 모두에 배치하고 있습니다. 즉 교사가 두가지 일을 동시에 하게끔 되어 있는 것입니다. 누가 보아도 비효율적인 분업체계라는 것을 알 수 있습니다. 이런 체계에서는 사람들이 아무리 열심히 노력해도 노력한 만큼의 성과를 제대로 낼 수 없습니다. 무엇보다 각 분야의 전문성이 신장될 수 없습니다.

대한민국 학교는 분업체계부터 이렇게 비효율적으로 되어 있습니다.

교육과 멀수록 유리한 승진체계

교장이 되려면 이런저런 승진점수를 많이 받아야 합니다. 상당히 복잡합니다. 다만 분명한 것은 교장 승진과 수업능력은 아무런 상관이 없다는 것입니다. 수업이야 잘해도 그만, 못해도 그만입니다. 수업에 대한 열정이나 능력은 승진과 그야말로 눈곱만큼의 관련도 없습니다.

승진을 하려면 그대신 다른 것을 열심히 해야 합니다. 예컨대 승진가산점을 받을 일을 열심히 해야 합니다. 승진가산점을 받는 방법은 한두가지가 아니지만, 수업 잘하는 것과는 아무런 관련이 없습니다. 그래서 교사들이 승진가산점을 위해 열심히 활동하는 것이 학교교육의 발전에 조금도 기여하지 못합니다. 오히려 교사들을 직접적인 교육활동에서 멀어지게 만듭니다.

그 폐해가 하도 심하다보니 승진가산점이 학교를 망친다고 탄식하는 사람도 많습니다. 이런 문제의식으로 인해 혁신학교에는 승진가산점이 없습니다. 일반인의 입장에선 혁신학교 교사들에게 승진가산점을 주면 혁신학교가 더 발전할 것처럼 보일 수 있습니다. 하지만 혁신학교 교사들에게 승진가산점이란 이익을 주는 순간 혁신학교는 그것으로 끝장이라는 생각을 가진 사람이 많습니다. 교육에는 관심 없고 승진가산점에만 관심이 있는 교사들이 몰려올 게 분명하다는 것입니다. 혁신학교에 근무하는 제 아내도 그런 말을 한 적이 있습니다. 한때 혁신학교 교사들에게 승진가산점을 주는 문제로 갑론을박이 있었습니다. 하지만 상당수의 혁신학교 교사들 스스로가 혁신학교 교사에게 승진가산점 주는 것을 반대한 것으로 알고 있습니다.

그리고 교장으로 승진하려면 무엇보다 교무행정업무에 열정을 바쳐야 합니다. 교육은 그야말로 엉망으로 해도 승진에 아무런 지장이 없지만 교무행정은 그렇지 않습니다. 물론 교무행정업무에 정성을 바친다고 다 승진하는 것은 아닙니다. 교사사회에서도 로비, 아부, 학연, 지연 등은 꽤 큰 역할을 하는 것 같습니다. 하지만 그런 부조리야 사회 어느 곳이나 있는 것이니 여기서 특별히 강조할 필요는 없겠습니다.

문제는 깨끗하고 공정한 인사가 이루어질 때조차도 교육에 대한 열정과 능력이 승진과정에서 완전히 배제된다는 것입니다. 이러한 승진체계에서는 교사들의 승진경쟁이 학교 교육에 조금도 기여하지 않습니다. 교사들의 승진경쟁은 오직 학교 교육을 망치는 방향으로만 작용하게 됩니다. 승진제도 개혁이 절실히 필요한 이유입니다.

2

이상한 체계가 왜곡한 학교의 모습

업무 부풀리기: 불필요한 일을 중요하게, 간단한 일을 복잡하게

교무행정은 중요한 업무입니다. 교육활동은 교무행정업무의 지원을 받아야 합니다. 그러나 교무행정업무는 교육을 지원하기 위한 것입니다. 그 자체가 목적이 돼서는 안됩니다. 교육을 위해 교무행정업무가 존재하는 것이지, 교무행정업무를 위해 교육이 존재하는 것이 아닙니다.

따라서 교무행정업무는 필요한 만큼만 하면 됩니다. 힘과 시간이 남아돌아도 더 많이 할 필요가 없습니다. 수업과 인성교육은 잘하면 잘할수록 좋지만 교무행정업무는 꼭 그럴 필요가 없는 일입니다. 더 잘해봤자 수업과 인성교육 등에 더이상 기여하는 바가 없으면 거기서 멈추어도 되는 일입니다. 아니, 거기서 멈추는 것이 바람직한 일입니다.

그런데 학교의 교무행정업무는 필요 이상으로 자꾸만 부풀려지고 있습니다. 하지 않아도 될 일을 만들어서 하고, 간단하게 해도 될 일을 일부러 화려하고 복잡하게 합니다. 특히 교장·교감과 승진에 뜻을 둔 교사들이 교무행정업무를 자꾸 부풀리는 경향이 있습니다.

왜 그럴까요. 교무행정업무 중심의 조직체계와 승진체계가 중요한 원인입니다. 교무행정업무를 잘해서 눈에 보이는 성과를 내야 하는 지금의 학교 조직체계·승진체계에서는 이 업무가 필요 이상으로 자꾸 부풀려질 수밖에 없습니다. 그 부풀리기 정도가 고등학교보다 중학교의 경우 훨씬 큽니다. 제가 초등학교 교사 경험이 없어 확신하기는 어렵지만 중학교보다 초등학교는 더 심하지 않을까 합니다. 입시지도 부담이 약할수록 교사의 잡무가 부풀려지는 경향이 있는 것 같습니다. 입시지도의 부담이 적으면 입시지도에 쏟을 시간과 에너지가 더 가치있는 곳에 투입돼야 하는데, 학교의 조직체계와 승진체계가 그것을 방해하기 때문에 일어나는 현상 같습니다.

얼마 전 퇴직한 선배 선생님과 모임을 가진 적이 있습니다. 이분은 퇴직 후 어느 중학교에 시간강사로 나가고 있습니다. 이 선생님은 이렇게 말했습니다. "중학교 선생님들 일하느라 바빠. 정말 바빠. 너무 바빠서 수업을 못할 정도야. 일하느라고 바빠 수업을 못 들어가!"

이 선생님이 얼마 안되는 기간의 경험에서 단언하듯 고등학교보다 중학교의 교무행정업무가 훨씬 많은 것은 분명한 것 같습니다. 저도 중학교에서 근무하다 고등학교에 와보니 업무량이 중학교의 절반 정도로밖에 느껴지지 않았으니까요.

아, 그 선배 선생님의 가장 중요한 말 한마디를 언급하지 않았네요. 한참을 중학교 교사들 바쁘다고 얘기하더니 마지막으로 이렇게 한마디를 덧붙였습니다. "전부 쓸데없는 일들."

고등학교 교사의 관점에서는 전혀 불필요한 일들이 중학교에서는 무슨 대단한 일로 여겨지는 것이지요. 그만큼 중학교 교무행정업무가 고등학교보다 더 많이 부풀려지고 있다는 얘기입니다.

교사정서의 왜곡

사람들은 교무행정업무(잡무)의 폐해를 말할 때 교사들이 빼앗기는 시간에만 주목하는 경향이 있습니다. 하지만 교무행정업무로 인해 교사들의 정서가 끊임없이 왜곡되는 것에 비하면 시간의 문제는 오히려 사소한 것일 수 있습니다.

교사들이 학교에 와서 주로 생활하는 곳은 소속된 각자의 부서입니다. 교실을 제외하면 교사들이 가장 많은 시간을 지내는 곳이 부서입니다. 그런데 학교의 부서는 기본업무가 교무행정입니다. 이 속에서 교사들은 어떤 정서를 형성해나가게 될까요.

교육활동과 교무행정업무는 성격이 많이 다릅니다. 교육과 교무행정업무 중 어느 쪽의 유연성이 더 커야 할까요? 어느 쪽이 변화에 더 민감해야 할까요? 어느 쪽이 한 사람 한 사람의 개성에 더 예민하게 반응해야 할까요? 어느 쪽이 창의성을 더 많이 필요로 할까요? 당연히 교육입니다. 교육이 교무행정보다 더 유연해야 하고, 변화에 더 민감해야 하고, 사람의 개성을 더 많이 고려해야 합니다. 창의성도 더 많이 필요로 합니다.

그렇다면 교육과 교무행정 중 어느 쪽이 형식적 절차와 틀을 더 중요하게 여길까요? 역시 답은 분명합니다. 교무행정이 교육보다 형식적 절차와 틀을 더 많이 중요하게 여깁니다. 물론 이것은 상대적인 것입니다. 교육에 형식적 틀이 없는 것이 아니며, 교무행정에 유연성이 없는 것도 아닙니다. 그리고 이것은 옳고 그름의 문제도 아닙니다. 각각의 특성이 제 영역에서 발휘되면 바람직한 것이지요. 교육은 교육다워야 하고 교무행정은 교무행정다워야 합니다.

문제는 교육이 교육만이 가져야 할 특성을 갖지 못하고 교무행정업무의 특성을 갖게 될 때 발생합니다. 제가 볼 때 우리의 학교 교육은 교육적이지 못하고 현저히 행정적입니다. 모든 교사들이 교무행정 위주의 조직체계 속에서 자신의 철학과 정서를 형성해가기 때문입니다. 교무행정 중심의 학교 속에서 교사들이 잃어버린 것은 교육자로서의 마음과 정서입니다.[2]

교사문화의 왜곡

교무행정업무 중심의 학교 조직체계는 학교의 문화마저 왜곡합니다. 교사의 문화가 교육이 아니라 주로 교무행정업무를 토대로 형성되기 때문입니다.

그런데 교사들의 문화가 교무행정업무로 심하게 왜곡되어 있다는 사실을 독자들에게 전달하는 것은 쉽지 않습니다. 하나하나를 떼어놓고 보면 사소한 것들이라 말하는 것 자체가 좀스럽게 느껴집니다. 하지만 원래 문화란 것이 사소한 것들의 집합체입니다. 수십수백가지 사소한 것들이 모여서 교사문화를 형성하는 것입니다.

교사문화가 교무행정업무 위주로 형성된다는 사실을 보여주는 가장 명확한 증거는 교사들 관계가 부서를 위주로 이루어지고 있다는 것입니다.

저는 고등학교 국어교사입니다. 그런데 저는 국어교사들과의 회식보다 업무부서 교사들과의 회식을 훨씬 더 자주 합니다. 당연합니다. 하루종일 생활하는 곳이 업무부서이다보니 업무부서 선생님들과 더 많이 어울리게 되는 것입니다. 회식자리에선 당연히 이런저런 학교생활 얘기들이 오고갑니다. 다른 직장도 마찬가지겠지만 회식자리에서 오가는 그런 얘기들은 업무처리의 윤활유 역할을 합니다. 부서 회식에서는 당연히 부서 업무와 관련된 얘기들이 주로 나옵니다. 여기서 오가는 얘기들은 당연히 부서 업무처리에 윤활유 역할을 합니다. 이런 게 문화입니다.

회사원들은 저녁에 동료들과 함께 밥 먹고 술 마시며 놀면서도 회사일에 대해 얘기합니다. 그리고 그것이 많건 적건 업무처리에 도움을 줍니다. 이것이 문화의 힘입니다. 그런데 학교의 경우 이런 문화가 교무행정업무를 함께하는 부서의 동료들끼리 주로 형성됩니다.

같은 수업을 하는 같은 교과 동료들끼리 형성하는 문화는 아주 미약합니다.

  신입생 오리엔테이션에서 일어났던 일 하나를 예를 들어보겠습니다. 그해는 다른 해보다 신입생 오리엔테이션을 특별히 더 잘 준비한다고 했습니다. 그래서 부장교사들을 한명 한명 학생들에게 소개하는 데에 그치지 않고 부장교사들에게 자신들이 담당한 부서가 어떤 일을 하는지 상세히 설명하게 했습니다. 교무부가 하는 일, 연구부가 하는 일, 이런 식으로 부서업무가 학생들에게 소개되었습니다. 지켜보는 저로선 참으로 어이가 없었습니다. 이제 갓 입학한 학생들에게 학교의 업무부서가 하는 일이 도대체 무슨 의미가 있겠습니까?

  제대로 된 오리엔테이션이라면 국어과 대표, 영어과 대표, 수학과 대표 등 각 교과의 대표가 나와서 각 교과의 수업 방향과 철학에 대해서 학생들에게 얘기해줘야 하는 것 아닌가요? 그것이 진정 학생들에게 더 필요한 일 아닌가요? 더 교육적인 일 아닌가요? 하지만 신입생 오리엔테이션에서 교과 대표가 학생들에게 수업 방향과 철학을 얘기한다는 것은 우리나라 학교에서는 상상조차 하기 힘든 일입니다. 그런 생각을 하는 것 자체가 이상하게 보일 수 있습니다. 공식 간부교사인 부장교사가 엄연히 존재하는데 어떻게 간부교사도 아닌 교과주임 교사를 공식석상에서 학생들에게 소개하겠습니까? 학교의 조직체계가 업무부서를 토대로 구축되어 있는데 왜 교과주임 교사를 학생들에게 소개하겠습니까?

그런데 이런 교무행정 중심의 문화는 교사들에게만 영향을 미치는 것이 아니라 학부모들에게도 영향을 미치는 것 같습니다. 학교사회에는 학부모 대표들이 교사들의 노고를 위로한다고 교사들에게 식사를 대접하는 경우가 종종 있습니다. 그런데 저는 지금까지 학부모들이 부장교사들에게 식사를 대접했다는 얘기는 여러번 들어보았어도 교과 대표들을 대접했다는 얘기는 단 한번도 들어보지 못했습니다.

이상하게 느껴지지 않나요? 하지만 대부분의 교사는 이를 조금도 이상하게 생각하지 않습니다. 너무나 자연스럽게 받아들입니다. 왜냐고요? 교사들이 그런 문화 속에서 숨쉬며 생활하고 있기 때문입니다. 문화의 힘이란 그런 것입니다.

『학교개조론』에 소개한 신임교사의 예를 들어보겠습니다.

새 학년이 시작된 학교에는 이제 막 교사의 길로 들어선 신임교사가 한두명씩은 있게 마련입니다. 신임교사에게 수업은 어렵고 두려운 일입니다. 아무리 열심히 수업준비를 했어도 아이들 앞에 서면 마음이 흔들리게 되어 있습니다. 아무리 혼신의 힘을 다해 설명해도 아이들은 장난치고 떠들게 마련입니다. 힘은 넘쳐나고 의욕은 앞서가지만, 아직 경험이 부족한 신임교사는 능숙하게 수업을 이끌지 못하고 우왕좌왕하기도 합니다.

그 신임교사에게는 선배교사들의 도움이 많이 필요합니다. 선배교사의 위로와 격려만으로도 큰 힘이 될 수 있습니다. 교실에서 써먹을 수 있는 구체적인 조언을 듣게 된다면 더 좋은 일이겠지요.

그런데 수업 때문에 힘들어하는 신임교사에게 위로와 격려의 말을 해주는 선배교사가 과연 있을까요? 더 나아가 수업에 대한 구체적인 조언을 해주는 선배교사가 있을까요? 불행히도 없습니다. 아니, 있지만 매우 적습니다. 그런 선배를 만난 신임교사는 아주 운이 좋은 것입니다. 부끄럽게도 이것이 우리나라 학교의 현실입니다. 왜 없을까요? 교사들이 특히 못된 사람들이라서 그럴까요? 회사에서는 신입사원이 들어오면 여러모로 일을 가르쳐주고 선배들이 많은 도움을 주게 되어 있는데, 왜 교사들은 신임교사에게 아무런 도움도 주지 않고 그들의 어려움을 나 몰라라 하는 것일까요?

사실 선배교사들도 나름대로 신임교사들을 열심히 도와줍니다. 다만 수업에 관해서가 아니라 교무행정업무에 관해서일 뿐입니다. 어찌 보면 신임교사에게 더 당혹스럽고 어려운 것은 수업이 아니라 자신이 속한 부서의 업무일 것입니다. 수업에 관한 것이야 대학에서 공부했지만 학교의 교무행정업무에 대해서는 공부한 적이 없으니까요. 학교의 제도와 문화는 으레 신임교사에게도 업무 위주의 생활을 요구합니다. 신임교사도 선배교사들과 마찬가지로 수업은 좀 소홀히 하더라도 자신이 맡은 업무만큼은 철저히 하지 않을 수 없습니다. 그러니 선배교사들이 신임교사들에게 가르쳐주고 도움을 주는 것도 바로 이 업무가 되는 것입니다. 신임교사가 선배들에게 묻고 도움을 청하는 것도 당연히 이러한 업무겠지요.

우리 학교에는 신임교사가 선배의 도움을 받아가며 자신의 수업 능력을 개발해나갈 수 있게 만드는 문화가 없습니다. 오래전 제가 J

중학교에 있을 때의 일입니다. 학교 교사들이 전부 함께 연수를 가서 밤늦게까지 얘기할 기회가 있었습니다. 평소에 제게도 많은 도움을 주던 선배교사가 학교의 막내인 후배교사에게 여러가지 조언을 해주는 것을 옆에서 듣게 되었습니다.

"내년에는 지금 일하는 부서에서 나와 반드시 교무부에 가서 일을 배워라. 교무부에 가야……"

후배를 위해 선배교사는 참으로 많은 얘기를 해주었습니다. 그러나 수업이나 교육에 대한 말은 한마디도 없었습니다. 오직 교무행정 업무와 관련한 이야기뿐이었습니다. 그것은 사실상 승진하는 방법을 알려주는 얘기들이었습니다. 그 선배는 후배를 아끼는 마음에 그에게 도움이 되는 얘기를 하려 했음이 분명합니다. 그런데 그러다보니 자신도 모르게 수업 얘기는 조금도 하지 않았던 것입니다.

교무행정이 교육보다 중시되는 우리의 학교에서는 이럴 수밖에 없습니다. 자신도 모르게 수업과 교육은 마음속에서 조금씩 사라져 갑니다. 그래서 술 한잔 마시고 아끼는 후배에게 진정 도움이 되는 얘기를 하다보면 자신도 모르게 교무행정업무만 얘기하게 되는 것입니다. 승진의 길이 거기에 있으니까요![3] 이런 교사문화가 학교 교육에 힘이 될 리 없을 것입니다.

일그러진 존재감: 교육의 초라함, 업무의 당당함

존재감이란 게 있습니다. 인정욕구가 충족될 때 느껴지는 감정입니다. 사람은 누구나 인정받고 싶은 욕망을 가지고 있습니다. 누구나 주위 사람들로부터 인정을 받아야 존재감을 느끼게 됩니다.

직장에서 느끼는 존재감은 직장생활에 활력을 줍니다. 사람들이 직장에서 열심히 일하는 것은 어쩌면 이 존재감 때문일 것입니다. 물론 존재감은 돈과 승진 등 보상이 주어질 때 더 잘 느낄 수 있겠지만 그렇다고 꼭 보상을 통해서만 느낄 수 있는 것은 아닙니다. 돈과 승진 같은 물질적 보상이 아니어도 주위 사람들의 인정을 통해 얼마든지 존재감을 느낄 수 있습니다.

교사도 한사람의 직장인입니다. 그런데 우리나라 학교에서 교사의 존재감은 수업과 인성교육을 통해서가 아니라 주로 교무행정업무를 통해서 확인됩니다. 신학년을 앞둔 2월이면 학교에서는 교사들이 한차례 부서이동을 합니다. 어느 부서를 신청할지에 대한 교사들의 고민이 많습니다. 이때 마땅히 갈 곳이 애매한 교사들은 참으로 처량한 마음을 갖지 않을 수 없습니다. 아무리 수업을 잘하는 교사라 할지라도 처량합니다. 아무리 학생과 교사 들의 존경을 받는 교사라 해도 마찬가지입니다. 반면 근무할 부서가 명확한 교사는 당당합니다. 아무리 수업을 못해도 직업인으로서의 존재감을 얼마든지 느낄 수 있습니다.

학교에서 교사에게 직업인으로서 존재감을 느끼게 하는 것은 교육이 아닌 교무행정업무입니다. 이러니 교사가 자신의 영혼과 에너지를 어디에 쏟게 되겠습니까.

행정업무로 빠져나가는 시간과 열정

교무행정업무는 교사들의 시간을 적잖이 빼앗습니다. 교사의 수업을 끊임없이 방해합니다. 교사들이 수업을 잘하려면 준비를 잘해야 합니다. 그런데 교무행정업무에 상당한 시간을 쓰다보면 수업준비를 제대로 못하는 경우가 많습니다.

독자의 입장에서는 납득하기 어려울 수 있습니다. 교사는 일반인들보다 퇴근도 빠른 편이고 일반인들이 부러워하는 방학도 있으니까요. 그러니 교사들이 잡무 때문에 수업을 제대로 할 수 없다고 말하면 순전히 핑계일 뿐이라고 생각할 수도 있습니다.

실제로 그런 측면이 전혀 없는 것은 아닙니다. 하지만 방학이나 방과후에 아무리 공부를 많이 했어도 수업 직전에 또다시 공부하고 준비할 것들이 있게 마련입니다. 그래서 방학이 아무리 길고 퇴근이 아무리 빨라도 교무행정업무는 수업에 방해가 될 수밖에 없습니다. 그렇다면 교무행정업무를 방학이나 방과후에 하면 되지 않느냐고 말할 수도 있겠습니다. 하지만 어떤 교무행정업무는 방학이나 방과후에 할 수 있는 일이 아닙니다. 학교 근무시간에 할 수밖에 없는 일도 적지 않습니다. 여러 사람이 관련된 일인 경우는 특히 그렇습니다.

게다가 우리는 수업에 대한 집중도를 생각해야 합니다. 교무행정업무 때문에 교사들이 차분한 마음으로 수업시간을 맞이하지 못하는 경우가 상당합니다. 교무행정업무를 처리하다가 허겁지겁 쫓기

듯 교실로 들어가는 일이 드물지 않습니다. 그렇게 교실로 들어간 교사가 온전히 수업에 집중할 수는 없을 것입니다.

3

프레임 전환:
'업무경감'이 아니라 '업무 정상화'다

흔히들 교사의 교무행정업무가 많으니 교사 업무를 경감해야 한다고 얘기합니다. 하지만 '업무경감'만 말하는 것은 문제의 본질을 비껴가는 것입니다. 학교의 분업체계와 조직체계를 지금처럼 둔 상태에서는 설사 교사의 업무(잡무)를 절반으로 줄여도 문제는 거의 해결되지 않습니다. 학교 교육에 미치는 효과도 아주 적습니다.

중요한 것은 학교의 씨스템을 바꾸는 것입니다. 업무가 아니라 교육이 학교 운영의 중심이 되도록 만드는 것입니다. 업무경감에만 그쳐선 안됩니다.

아직 많은 사람들이 '업무경감 프레임'으로 상황을 이해하고 있습니다. 하지만 업무경감 프레임에서 벗어나지 못하면 업무의 경감조차도 제대로 이룰 수 없습니다. 사실 교사 잡무를 줄여야 한다는 문제의식은 오래전부터 있어왔고 이를 위한 수많은 노력들이 행해졌습니다. 하지만 지금까지 눈에 띄는 성과는 없었습니다.

김대중정부 때는 고 김대중 대통령이 이 문제에 관심을 갖고 직접 청와대 비서진에게 교사의 업무경감을 지시한 것으로 알고 있습니다. 당시 저는 교육과 행정을 분리해 교사로 하여금 아예 잡무에서 손떼게 해야 한다는 취지의 글을 전교조신문에 쓴 적이 있습니다. 그 글이 계기가 되어 당시 청와대 비서관인지 행정관인지 하는 분이 제게 전화를 걸어 어떻게 하면 교사의 업무를 경감할 수 있는지 조언을 구한 적이 있습니다. 대통령도 깊은 관심을 가지고 있다고 얘기하더군요. 하지만 김대중정부 때 교사 업무가 실제로 경감되었다는 얘기는 들은 적이 없습니다. 교사의 업무경감을 위한 모든 노력은 사실상 실패했습니다. 그래서 이런 우스갯소리가 있습니다. '교사 업무를 경감하라는 공문이 학교에 내려오면 그 공문을 처리하느라 교사의 업무가 늘어난다.'

시의원과 국회의원 중에도 교사의 업무경감을 위해 노력을 기울이는 분들이 많이 있습니다. 그런데 교사들은 그런 분들이 오히려 교사 잡무를 늘린다고 말하기도 합니다. 그분들이 업무경감을 위해 자료조사라도 하느라 학교에 공문을 보내면 그 공문을 처리하느라 오히려 교사 잡무는 늘어난다는 것이지요.

업무 중심의 조직체계를 그대로 두고서는 이런 현상은 사라지지 않을 것입니다. 학교의 기본 조직체계가 업무 위주로 되어 있는 상황에서는 업무경감의 한계가 뚜렷합니다.

작년에 서울시교육청이 학교 업무 중 불필요한 업무가 무엇인지 교사들에게 직접 설문을 진행한 적이 있습니다. 물론 학교의 불필요한 일을 줄이기 위한 목적에서였습니다. 주로 부장교사들이 설문에 답을 해주었습니다. 그런데 기존 업무 대부분이 꼭 필요한 일이라는 설문결과가 나왔다고 합니다. 왜 이런 결과가 생겼을까요? 자신의 조직에서 담당하고 있는 업무를 필요 없는 업무라고 하는 것은 자기 조직의 존재 자체를 부정하는 결과를 낳을 수 있기 때문입니다. 물론 평교사가 아닌 부장교사가 주로 설문에 답했기 때문에 그런 결과가 나왔을 가능성이 큽니다. 하지만 저는 평교사가 설문에 답을 했어도 결과는 크게 달라지지 않았을 거라 생각합니다. 학생을 가르치는 교사의 입장에서는 불필요하게 인식했던 일이지만 업무 담당자로 입장이 바뀌는 순간 그 일이 중요하게 생각될 수 있기 때문입니다.

이렇듯 업무경감 프레임에 사로잡히면 업무경감이란 목표조차도 달성하기 어렵습니다. 학교의 분업체계와 조직체계를 바꾼다는 프레임으로 전환해야 업무경감도 이룰 수 있습니다. 또, 그렇게 해야 전사회적 지지도 얻을 수 있습니다. 교사의 업무를 '줄여준다'는 취지로만 접근하면 국민의 지지를 얻을 수 없습니다. 오히려 심한 지탄을 받을 수도 있습니다.

서울시교육청의 중요 정책사업 중에 '교원업무 정상화'라는 것이 있습니다. 작년에 계획이 입안되어 올해부터 실시되고 있습니다. 이와 관련하여 서울시교육청은 작년에 인터넷 포털 다음(Daum)과 협약을 맺고 아고라에 토론방을 개설한 적이 있었습니다. 교사들이 교육에만 전념할 수 있도록 하는 방안에 대한 아이디어를 모으기 위해서였습니다.

어떤 일이 벌어졌을까요? 시민들이 서울시교육청의 노력을 칭찬했을까요? 다양한 아이디어가 모였을까요? 전혀 아닙니다. 얼마 지나지 않아 서울시교육청은 스스로 토론방을 폐쇄해야 했습니다. 업무경감 아이디어는 나오지 않고, 업무경감에 반대하거나 교사들을 심하게 비난하고 매도하는 글이 빗발쳤기 때문입니다. '퇴근 빠르고, 방학 길고, 철밥통 직업에 속하는 교사들의 업무를 왜 줄여주어야 하는가?' 이런 취지의 글이 빗발쳤던 것입니다.

네티즌들은 업무경감 프레임으로 상황을 바라보고 있었습니다. 그리고 그 프레임으로 상황을 바라보는 한 이런 결과는 피하기 어려운 일이었습니다. 그러나 네티즌뿐만 아니라 국민 대부분이 업무경감 프레임으로 상황을 보고 있는 것이 지금의 현실입니다. 이것은 이 프레임으로 접근하는 순간 국민들 대다수의 반발을 살 수밖에 없다는 것을 말해줍니다.

그렇습니다. 일반 국민의 입장에서 볼 때 교사는 그래도 여유시간이 많은 사람들입니다. 방학도 있고, 퇴근도 일반인들보다 빠른 편입니다. 그리고 국민들은 학교 교육이 사교육에 형편없이 밀리고 있는 상황에 대해 불만이 많습니다. 그 상당한 책임이 교사들에게 있다고 생각하고 있습니다. 이런 상황에서 국민들이 교원업무 경감에 지지를 보내기란 상당히 어려운 일입니다. 가뜩이나 편한 교사를 더 편하게 만들어줄 뿐인 정책이라고 생각하기 때문입니다.

앞에서 서울시교육청의 교원업무 정상화 추진사업을 얘기했습니다. 업무 '경감'이 아니라 업무 '정상화'입니다. 서울시교육청은 어느 단계부터 업무경감이란 용어를 아예 사용하지 않고 있습니다. 교사 업무가 많으니 '줄여주자'가 아니라 교사 본연의 업무에 집중하도록 '정상화하자', 이것이 문제의 핵심입니다. 서울시교육청의 용어 교체는 그저 단어 하나를 바꾸는 말놀이가 아니라 업무경감 프레임을 벗어나야 한다는 이런 문제의식을 받아들였기 때문입니다.

이러한 문제의식이 널리 퍼지기까지는 참으로 오랜 세월이 걸렸습니다. 자랑 같지만 여기에는 저도 적잖이 기여를 했다고 생각합니다. 무엇보다 졸저 『학교개조론』과 『교육을 잡는 자가 대권을 잡는다』의 기여가 제법 컸습니다.

하지만 학교의 조직체계를 교육 중심으로 바꾸는 일은 매우 어려운 일입니다. 서울시교육청의 교원업무 정상화 방안에도 불구하고 학교는 아직 그대로입니다. 작은 변화는 있지만 큰 변화는 보이지 않습니다.

여러가지 원인이 있을 것입니다. 교장의 인식 부족도 원인이고, 교사들의 의지 부족도 원인입니다. 하지만 더 근본적으로는 충분한 숫자의 교무행정업무 전담직원을 지원하지 않으면 학교의 조직체계를 크게 바꾸는 것이 불가능하기 때문입니다.

현재 서울시교육청에는 교무행정업무 전담직원을 충분히 지원할 예산이 없습니다. 정규직 직원을 늘릴 수 있는 권한도 없습니다. 서울시교육청은 올해부터 겨우 교무행정지원사를 학교에 1명씩 지원했을 뿐입니다. 그것도 비정규직으로요. 서울시교육청은 분명 올바른 문제의식을 가지고 있습니다. 하지만 올바른 문제인식이 성공을 보장하는 것은 아닙니다. 학교당 1명의 인원투입으론 어림도 없습니다. 그것도 비정규직으로는 말입니다. 전쟁에서 승리하려면 압도적인 무력을 일시에 투입해야 합니다. 소규모 병력을 찔끔찔끔 투입하면 패배합니다. 교무행정지원사의 투입도 그럴 수 있습니다. 물론 이것이 서울시교육청의 잘못만은 아닙니다. 예산과 권한이 부족해서 그런 것을 어찌하겠습니까. 하지만 성공에 필요한 조건을 갖추기 위해 정부와 국민을 상대로 얼마나 진지하게 호소했는가 하는 점에선 아쉬움이 큽니다. 모처럼 제대로 된 문제인식을 바탕으로 기획된 정책 하나가 실행되고 있지만 성공은 요원한 것만 같아 안타깝습니다.[4]

4

조직체계의 개혁: 교육활동지원실 신설

그렇다면 학교의 분업체계와 조직체계를 어떻게 바꿔야 할까요. 고등학교를 예로 들어 생각해본 것이 옆의 표입니다.[5]

여기서 눈여겨보아야 할 것은 '교육활동지원실'(제가 임의로 만든 이름입니다)의 존재입니다. 이 조직은 그동안 교사들이 담당해온 모든 교무행정업무를 전담해주는 조직입니다. 이것이 존재함으로써 기존의 업무부서는 모두 폐지할 수 있습니다.

언뜻 보면 기존 조직체계에 존재하던 부서들이 새로운 조직체계에도 그대로 존재하는 것처럼 보일 수 있습니다. 하지만 하는 일은 많이 다릅니다. 기존의 1, 2, 3학년부에서 하던 일의 상당부분은 교무행정업무입니다. 하지만 새로운 조직체계에서 1, 2, 3학년부는 오직 교육을 위한 활동만 합니다. 교무행정업무를 담당하지 않습니다.

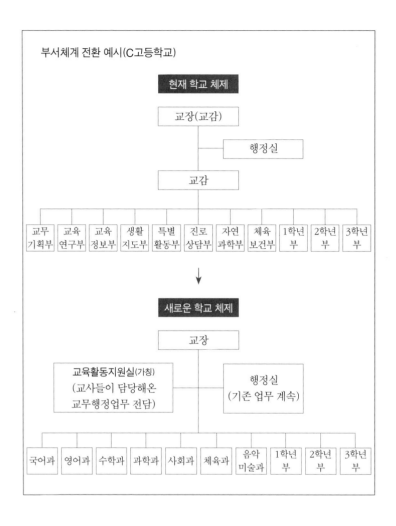

부서체계 전환 예시(C고등학교)

현재 학교 체제

교장(교감)

행정실

교감

| 교무
기획부 | 교육
연구부 | 교육
정보부 | 생활
지도부 | 특별
활동부 | 진로
상담부 | 자연
과학부 | 체육
보건부 | 1학년
부 | 2학년
부 | 3학년
부 |

새로운 학교 체제

교장

교육활동지원실(가칭)
(교사들이 담당해온
교무행정업무 전담)

행정실
(기존 업무 계속)

| 국어과 | 영어과 | 수학과 | 과학과 | 사회과 | 체육과 | 음악
미술과 | 1학년
부 | 2학년
부 | 3학년
부 |

모든 행정업무는 교육활동지원실로 이전합니다.

학교폭력이 문제되는 상황에서 생활지도부를 폐지하는 것이 염려될 수 있습니다. 그렇다면 생활지도부 정도는 남겨두어도 좋습니다. 다만, 생활지도부를 유지하더라도 공문서 처리 등 기존 행정업무는 전부 교육활동지원실로 이전하고, 오직 학생생활 지도에만 집중해야 할 것입니다. 그리고 선진국처럼 상담 전문교사와 규율 전문교사를 배치할 수 있을 것입니다.

여기 예로 든 부서체계는 학교마다 조금씩 다를 수 있습니다. 실제로 고등학교에는 대개 '학년부'가 있으나 중학교에는 없는 경우가 많습니다. 그리고 초등학교의 조직체계는 그 특성상 교과가 아닌 학년부가 중심이어야 할 것입니다. 중·고등학교의 경우 무학년 학점제 교육과정으로 나아가면서 궁극적으로는 학년부가 폐지되어야 합니다. 또한 교육활동지원실과 행정실은 장기적으로 통폐합되어도 좋겠습니다. 외국의 경우는 그렇게 하고 있는 줄 알고 있습니다.

5

빅딜 제안

저는 몇년 전부터 '교원성과급제도'를 폐지하고 그 비용으로 교무행정업무 전담직원 5만명을 고용하여 문제를 단번에 해결해야 한다는 주장을 펴왔습니다. 그러한 주장을 담은 칼럼도 썼습니다.

교사와 정부가 거래를 했으면 하는 게 있다. '교원성과급'과 '교무행정업무 전담직원'을 주고받는 거래다. 교사는 교원성과급을 내놓고 정부는 교무행정업무 전담직원 5만명을 고용하는, 일종의 빅딜이다.

빅딜이 성사되면 학교를 크게 바꿀 수 있다. 업무 중심의 학교를 교육 중심의 학교로 바꿀 수 있다. 무엇보다 학교의 기본 조직체계를 수업(교육) 중심으로 개혁할 수 있다. 지난번 칼럼에서도 얘기했듯이 우리나라 학교의 조직체계는 교육이 아니라 업무를 토대로 해서 이루어져 있다. 교육활동에 심각한 비효율이 발생할 수밖에 없는 구조이다. 5만명의 인력으로 교무행정업무를 전담케 하면 이러한 조직체계를 완전히 개편할 수 있다. 물론 교사들이 교육 이외의 업무에서 벗어나 교육에만 전념하는 것도 가능해진다.

학교 교육을 좋게 만드는 것이라면 정부의 예산을 투입해야 마땅하다는 주장이 있을 수 있다. 물론 업무전담직원의 고용은 정부 예산을 투입할 만한 충분한 가치가 있는 일이다. 그러나 아무리 정부라 해도 1조 수천억 원의 예산을 선뜻 투여하는 것은 쉽지 않다. 무엇보다 상당수 국민들이 부정적인 태도를 보일 것이다. 학교와 교사에 대한 국민의 감정은 좋지 않다. 게다가 대다수 국민은 업무 중심의 학교를 교육 중심의 학교로 바꾼다는 프레임으로 상황을 보지 않는다. 단순히 교사의 잡무를 줄여준다는 업무경감의 프레임으로 상황을 본다. 그래서 방학도 있고 퇴근도 빠른 교사의 업무를 무엇 때문에 줄여주냐고 생각하는 사람이 많다.

국민과 정부를 움직이려면 교사의 결단이 필요하다. 그런데 다행히 교원성과급으로 업무전담직원 5만을 고용하는 것은 교사에게 손해만은 아니다.

우선 교육 이외의 업무에서 완전히 벗어나게 된다. 이것은 교사의 근무여건이 확연히 좋아지는 것이다. 업무(잡무)에서 벗어나 오로지 교육에만 전념하는 것은 교사들이 오랫동안 가져온 간절한 소망이다. 게다가 자연스럽게 교원성과급제도를 폐지하게 된다. 교원성과급제도는 처음 도입될 때부터 교사들이 강하게 반대했던 제도다.

빅딜은 교사, 정부, 국민 모두를 이롭게 할 수 있는 윈윈 게임이다. 물론 교사로서는 경제적으로 손해다. 하지만 업무(잡무)에서 완전히 벗어날 수 있고, 매년 교사들을 불쾌하게 만들던 교원성과급제도를 없앨 수 있다. 정부는 예산 사용의 부담 없이 학교 교육의 경쟁력을 향상시키는 정책을 시행할 수 있다. 국민들은 추가적인 세금 부담 없이 자녀들에게 더 좋은 학교 교육의 혜택을 받게할 수 있다. 그리고 사회적으로 5만개의 일자리가 창출된다. 청년실업 문제의 해결에 상당한 도움이 될 수 있다.

교원성과급제도를 폐지하면 교사들 간에 서로 학생을 잘 가르치려 하는 경쟁이 사라지지 않을까 염려할 수도 있겠다. 하지만그것은 기우다. 원래부터 교원성과급은 그런 경쟁을 불러오지 않았다. 교원성과급제도는 학교에 그런 경쟁을 불러올 수 없다. 학교만 그런 것이 아니다. 사설학원도 상당부분 그렇다. 사람들이생각하는 것과는 달리 학원의 보수체계는 꽤 평등하다. 강사들 간에 능력 차이가 있어도 보수에는 차별을 두지 않는 경우가 적지않다. 실제로 대부분의 종합반학원은 강의능력은 물론이고 나이나 경력조차 따지지 않고 보수(시간당 강의료)를 동일하게 지급한다. 강의능력에 따라 강의료에 차별을 두는 것이 현실적으로 매우 어렵기 때문이다. 명문 학원의 상당수가 그런 평등한 보수체계를 취하고 있다. 상황이 이러한데 학교에서 교원성과급제도가 성공할 것이라 기대하는 것은 지나친 욕심이다. 실제로 교원성과급제도가 발생시킨 것은 교사들 간의 교육 잘하기 경쟁이 아니다. ABC 등급을 정하는 방법을 둘러싸고 벌이는 교사들 간의 소모적 갈등이다. 성과급제도를 폐지한다고 학교 교육이 나빠질 일은 조금도 없다.

교사·교원단체는 정부에게, 반대로 정부는 교사·교원단체에게 '빅딜'을 제안해야 한다.[6]

2012년 기준으로 교원성과급 총액은 1조 3천억원 정도 됩니다. 교무행정 전담직원의 보수에 따라 고용인원이 달라지겠지만 이 액수면 4만명 이상의 직원을 고용할 수 있으리라 생각합니다. 정부가 예산을 조금만 추가하면 5만명 정도의 직원을 고용할 수 있습니다. 국민에게 추가적인 세금부담을 거의 주지 않고 5만명의 인원을 채용하는 것이니 국민들도 대찬성일 것입니다.

이 정도 인원이면 학교의 모든 교무행정업무를 담당할 수 있을 것입니다. 전국의 모든 학교에 평균 5명 정도, 학교 규모에 따라 3~6명의 인원을 배치할 수 있습니다. 혹자는 그 정도 인원으로 어떻게 그 많은 교무행정업무를 처리하느냐고 생각할 수도 있습니다. 하지만 충분히 가능합니다. 저는 잉여인력마저 생길 수 있다고 생각합니다. 어떻게 그런가요?

첫째, 각 학교의 교감을 교무행정 전담직원이 일하는 교육활동지원실(가칭)의 책임자로 둡니다. 우리나라 교감은 수업을 단 한 시간도 하지 않습니다. 사실 학교에서 교감은 불필요한 직책입니다. 그 직책을 없애도 학교는 잘 굴러갑니다. 아니, 오히려 더 잘 굴러갈 겁니다. 교감이 존재함으로써 결재단계만 복잡해질 뿐입니다. 그 직책을 없애도 교장이 그 일을 얼마든지 할 수 있습니다.

교감 직책을 폐지해야 한다는 주장은 그동안 끝없이 제기되어왔습니다. 타당한 주장입니다. 하지만 반발이 적지 않을 것입니다. 신설되는 교육활동지원실 책임자로 교감을 활용하면 문제는 깔끔히 정리됩니다. 승진제도 덕분에 우리나라 학교의 교감은 교무행정업무를 잘하는 사람들입니다. 처음 고용되는 교무행정 전담직원을 교육하고 단련시킬 사람도 필요합니다. 교감이 제격입니다. 규모가 큰 학교는 교감이 2명이나 됩니다.

그러니 이런 큰 학교는 교감 2명과 새로 고용되는 6명의 교무행정 전담직원을 합치면 교무행정 전담직원이 8명이나 됩니다. 이 정도 인원이면 교무행정업무를 전담할 수 있습니다. 게다가 학교에는 이미 교사 업무를 지원하는 인원 약간명이 배치되어 있습니다. 대개의 경우 이들은 비정규직입니다. 그동안 이 인력들은 효율적으로 활용되지 못하고 낭비되어왔습니다. 이들 인력까지 체계적으로 활용한다면 10명 내외의 교무행정 전담직원이 근무하는 교육활동지원실을 만들 수 있을 것입니다.

둘째, 업무 특화로 효율성을 높이기 때문입니다. 교무행정업무 전담부서와 인력이 생기면 우선 일의 전문성이 심화됩니다. 그동안 교무행정업무는 교사들이 담당했습니다. 교사들은 수업을 하고 학생들을 지도하면서 그 일 '도' 해야 했습니다. 교무행정업무에 대한 전문능력을 충분히 발전시키는 데는 한계가 있을 수밖에 없습니다. 하지만 교무행정 전담직원은 교무행정업무만 하는 사람입니다. 전문능력을 기를 수 있습니다.

그리고, 10개가 넘는 부서에 흩어져 있던 업무가 교육활동지원실로 통폐합되면 효율성이 높아집니다. 여러 부서들끼리 서로 협조하고 일을 조정하는 데 드는 시간과 노력이 현저히 줄어들기 때문입니다. 그동안에는 교사들이 조금씩 나누어 하다보니 필요 이상으로 일이 세분화되어 비효율을 낳는 경우가 있었습니다. 일을 할 때마다 여기저기 다니며 이 사람 저 사람에게 묻고 협조를 받아야 하는 데서 생기는 시간낭비가 너무 컸습니다. 업무가 담당부서로 통폐합되면 인력과 시간의 낭비는 사라질 것입니다.

셋째, 교육활동지원실 설치와 전담직원 배치는 그 자체로 업무를 현저히 줄이게 되기 때문입니다. 앞서 말했듯이 학교 업무는 필요 이상으로 부풀려져 있습니다. 안해도 될 일을 만들어서 하고 간단하게 할 일을 복잡하게 합니다. 승진이 교무행정업무로 결정되다보니 승진하려는 사람들이 앞장서 업무를 부풀립니다. 교사들도 업무 위주의 조직과 문화 속에서 생활하다보니 업무 부풀리기에 무감각합니다. 교장, 교감이 그런 과정을 거쳐 승진한 분들이라 이런 현상을 막지 않고 오히려 조장합니다. 학교조직이 개편되면 이런 현상은 많이 사라질 것입니다. 교무행정업무 전담직원은 필요없이 일을 부풀리지 않을 것입니다. 일을 필요 이상으로 화려하게 할 필요도 없습니다. 자신들에게 아무런 이익이 없고 오히려 손해니까요.

5만명의 교무행정업무 전담직원이 고용되면 충분히 모든 교무행정업무를 담당할 수 있습니다. 학교의 왜곡된 분업체계·조직체계·승진체계를 바꿀 수 있습니다. 교사들이 오직 교육에만 전념할 수 있습니다.

게다가 안정적인 5만개의 일자리를 추가로 창출할 수 있습니다. 이를 위해 정부예산을 투여하는 것도 큰 의미가 있습니다. 하지만 저의 빅딜 제안이 실현되면 정부는 예산의 부담 없이 일자리를 확충할 수 있습니다. 빅딜이 이루어지면 일자리 나누기운동의 모범이 될 수 있습니다. 정부재정을 투여해 일자리를 늘리는 데는 한계가 있습니다. 기존 일자리를 나누어갖는 사회적 대타협이 필요합니다. 그것은 노동시간 감축을 통해 가능합니다. 사회의 양극화는 노동시간에도 나타납니다. 한쪽은 과도한 노동시간으로 고통받고, 다른 한쪽은 실업으로 고통받고 있습니다. 한쪽엔 더 많은 여가가 필요하고 다른 쪽엔 일자리가 필요합니다. 이 문제에는 노동시간 감축을 통한 일자리 늘리기가 최선의 방안입니다.

교사가 담당하던 교무행정업무를 전부 넘기는 것은 교사의 일을 감축하는 것입니다. 노동시간 감축과 비슷한 효과가 있습니다. 빅딜 제안은 양극화를 해소하여 우리나라에서도 일자리 나누어갖기의 모범사례를 창출할 수 있습니다.

6

교원평가의 전제조건

　흔히들 '교원평가'라 부르는 것은 기존의 '교원근무평정'이란 평가제도에 더해 추가로 도입되고 있는 '교원능력개발평가'입니다. 이 평가제도의 특징은 교사평가에 학생과 학부모가 참여한다는 데 있습니다. 교원근무평정과는 달리, 교장에게 줄 서지 않고 교무행정 업무에 열정을 바치지 않아도 좋은 성적을 받을 수 있는 교사평가 방식입니다. 그런 점에서 나름의 장점을 가지고 있는 평가제도입니다.

　그런데 교원능력개발평가가 제대로 성공하려면 역시 학교의 분업체계와 조직체계를 개혁해 교사에게 교육활동업무만 부여하는 것이 좋습니다. 그래야 평가가 효력을 발휘할 수 있습니다. 임무가 단일해야 제대로 된 평가를 할 수 있고 좋은 성과를 내게 할 수 있다는 것은 경영학의 기본상식입니다.

경영자는 단일 임무를 맡아 단일 기준으로 평가받을 때 가장 좋은 성과를 낸다. 임무가 복잡해질수록 경영자에게 책임을 묻기가 어렵다. 상충하는 복수의 목표 달성을 지시받은 경영자는, 그중 하나에 실패하는 경우 다른 목표를 달성하느라 그런 결과가 발생했다고 쉽게 변명할 수 있다.

경영자에게 복수의 목표를 안기는 것은 죄수를 감옥에 넣으며 열쇠를 쥐어주는 꼴이다. 임무 실패에 대한 책임 회피가 너무나 손쉽다.[7]

마찬가지입니다. 교사로 하여금 좋은 성과를 내게 하려면 단일한 임무를 부여하고 그 결과를 평가해야 합니다. 당연히 교사에게는 학생 교육이라는 단일 임무를 부여해야 합니다. 교사에게 학생 교육 외에 교무행정이라는 임무를 맡겨놓으면 제대로 된 평가가 곤란해집니다. 평가가 나빠도 교사들은 얼마든지 교무행정업무를 핑계로 자신을 합리화할 수 있습니다. 실제로 교사가 학원강사보다 수업을 못한다는 지적이 있을 때마다 교사와 교원단체 들은 교사들은 학원 강사처럼 학생들 가르치는 일만 하는 것이 아니라는 반박을 해왔습니다.

교사의 임무 중에서 교육만 남겨두고 교무행정업무를 분리해내는 것은 교원능력개발평가(교원평가)를 찬성하는 사람들이 적극적으로 주장해줘야 할 내용입니다. 그것은 교원능력개발평가를 제대로 하기 위한 여러가지 정지작업 중의 하나입니다. 그럼에도 불구하고 교원능력개발평가를 찬성하는 사람들은 이러한 정지작업에 별 다른 관심을 보이지 않고 있어 안타깝습니다.

7

교장공모제

앞에서 교장 승진제도의 문제점을 살펴보면서, 승진과정에서 수업 잘하는 능력이나 학생들의 존경 따위는 조금도 필요 없다고 얘기했습니다. 이를 사회 다른 분야에 으레 나타나게 마련인 부조리와 비슷하게 여기면 절대 안됩니다. 이는 투명하고 깨끗한 승진인사가 이루어질 때조차도, 교장이 되는 데에는 교육에 대한 열정이나 능력이 조금도 필요하지 않다는 것입니다. 뇌물, 혈연, 지연, 아부, 순종 등의 부조리한 요소가 100% 제거된 인사가 이루어지더라도 교육에 대한 열정과 능력은 교장이 되는 것과 아무런 상관도 없다는 뜻입니다.

이런 제도로 인해 승진을 위한 교사들의 경쟁은 학교 교육에 조금도 이로움을 주지 못하고 오히려 교육을 망치고 있습니다. 새로운 교장임용제도가 필요합니다.

앞서 저는 혁신학교 교사들이 승진가산점 받기를 반대했다는 얘기를 한 적이 있습니다. 이는 혁신학교 교사들이 그저 좀 괴팍한 사람들이라서 그런 것일까요? 승진가산점과 관련한 저의 체험 하나를 소개하겠습니다. 제가 근무했던 학교에서의 일입니다.

시범학교라는 게 있습니다. 취지는 그럴듯할 겁니다. 하지만 실제로는 승진점수를 따려는 사람들의 이익을 위해서만 존재하는 것으로 생각하는 교사들이 적지 않습니다. 지나치게 형식적인 데만 힘을 쏟아 학생들에게 실제적인 도움을 거의 주지 못한다고 알고 있는 교사들이 많습니다.

그런데 어느날 교장, 교감과 일부 교사들이 독서와 관련한 시범학교, 즉 '독서시범학교'를 추진했습니다. 이 사람들은 어떻게 했을까요? 독서교육은 좋은 것이니까, 아이들에게 많은 도움을 주니까 다들 함께하자고 처음부터 공개적으로 얘기했을까요? 일의 성격과 내용을 솔직하게 모든 교사들에게 얘기하고 동의를 구했을까요?

아니었습니다. 그 일은 일부 교사들에 의해 은밀히 진행되었습니다. 과반수 교사의 찬성이 있어야 교육청에 '독서시범학교'를 신청할 수 있었기에 뒤늦게 찬반 의견을 묻는 설문지를 교사들에게 돌렸지만, 도대체 누가 어떤 일을 얼마 만큼 해야 하는지 등에 관해서는 아무런 말도 하지 않았습니다. 시간이 촉박하다는 핑계로 찬반 의견만을 기습적으로 물었습니다.

여기서 잠시 제 얘기를 하겠습니다. 저는 평소에 독서를 많이 하는 편입니다. 그때 저희 학교에서 독서를 제일 많이 하는 사람은 아마 저였을 겁니다. 그리고 저는 국어수업은 독서와 긴밀한 관련을 가져야 한다는 생각을 평소에도 해왔습니다. 실제로 당시에 저는 학생들에게 책을 많이 읽히기 위해 적잖은 노력을 했습니다. 같은 학년을 담당한 선생님들을 설득하여 학생들에게 함께 권장도서를 추천하고 그 책의 내용을 정규시험에 출제한 적도 있습니다. 다행히 같은 학년을 담당한 선생님들이 제 생각에 흔쾌히 동의해주셔서 할 수 있는 일이었습니다.

당시에 저희들은 시험에도 많은 공을 들였습니다. 문제 하나 함부로 출제하지 않았습니다. 학생들의 부담을 최소화하고자 책을 읽은 사람은 누구나 쉽게 정답을 찾을 수 있도록 세심하게 배려했습니다. 시험 때문에 학생들이 오히려 독서를 싫어하는 일이 발생하지 않도록 하기 위해서였습니다. 개인의 취향을 고려해 여러권의 책을 제시하고 그중 원하는 것을 선택해 읽을 수 있도록 했습니다. 시험문제도 그것을 반영해서 출제했습니다. 권장도서가 A, B, C, D 네권이면 독서시험 문제도 A, B, C, D형으로 나누어 출제했습니다. A를 읽었으면 A형 문제를, B를 읽었으면 B형 문제를 풀도록 한 것입니다. 여러권 읽은 학생을 위해서도 아이디어를 짜냈습니다. 예컨대 A형 문제의 1번 문제 정답이 ③번이라면 B, C, D형 문제의 1번 정답도 ③번이 되도록 하는 식이었습니다. 혹시라도 A형 문제에서 정답을 찾기 어려우면 B, C, D형 문제를 통해서 정답을 찾을 수 있도록 한 것입니다. 얘기가 길어졌지만, 아무튼 분명한 것은 당시 저와 몇몇 선생님이 학생들에게 책을 읽게 하기 위해 많은 노력을 기울였다는 것입니다.

그런데 저는 독서시범학교 추진상황에 대해 한동안 전혀 몰랐습니다. 까마득히 몰랐습니다. 저는 독서수업과 관련성이 가장 큰 국어교사이고 당시에 국어과 대표였는데도 말입니다. 저만 몰랐던 게아닙니다. 저와 함께 적극적으로 독서수업을 하던 교사들도 모르고있었습니다. 평소에 제법 책을 많이 읽고 독서의 중요성을 잘 인식하고 있다고 여겨지던 다른 선생님들도 대부분 모르고 있었습니다. 그 일은 교장, 교감과 가깝게 지내던 승진점수를 따려는 사람들에의해 은밀히 추진되었던 것입니다.

많은 교사들이 찬반 설문지를 받는 날이 되어서야 상황을 알았습니다. 그날 비로소 이 일이 어떠한 과정을 거쳐 추진되었는지에 대한 얘기가 돌았습니다. 이로 인해 승진점수를 받게 될 사람들의 이름도 알려졌습니다. 1학년을 대상으로 하는 독서시범학교에 다른학년 부장을 맡을 분의 이름이 올라 있었습니다. 독서와는 너무도거리가 먼 느낌의 어느 부장교사 이름도 들먹여졌습니다. 실은 승진점수를 받을 대상자로 거론되는 교사 상당수가 독서수업과는 참 거리가 멀다고 생각되는 사람들이었습니다.[8]

그들이 하고자 했던 것은 굳이 '독서'시범학교가 아니었습니다. 승진점수만 주어진다면 독서건 뭐건 아무 상관도 없는 일이었습니다. 그리고 어차피 독서시범학교의 성패를 결정하는 것은 실질적 내용이 아닐 게 분명했습니다. 그럴듯하게 보고서만 잘 만들면 되는일이라는 걸 모르는 사람은 아무도 없었습니다.

이 사건에 교육은 존재할 자리가 없었습니다. 있는 것이라곤 점수를 따려는 사람들의 정치적 술수뿐이었습니다. 이 사건을 계기로 저는 본격적으로 책을 쓰기 시작했고, 그래서 나오게 된 것이 첫 책 『학교개조론』입니다.

승진가산점과 관계가 생기는 순간 실질적인 교육은 사라지고 승진점수를 따기 위해 온갖 형식과 겉치레만 존재하는 일들이 그동안 학교에 비일비재했습니다. 혁신학교 교사들 상당수가 자신들에게 승진가산점을 주는 데 앞장서 반대한 이유가 바로 여기에 있습니다. 대한민국 학교의 승진제도, 뭔가 잘못됐어도 크게 잘못되어 있습니다.

교장자격증제도를 폐지하고 교장공모제를 시행해야 합니다. 이유는 분명합니다. 교장자격증을 획득하는 과정이 교사들로 하여금 교육에 더 열정을 바치게 만드는 것이 아니라 오히려 교사들을 교육에서 멀어지게 만들기 때문입니다. 『학교개조론』을 인용해보겠습니다.

$$[0.4(80-x1/n)+0.6(80-x2/n)]+(0.021 \times 12 \times n)+(0.021 \times 12 \times n)+\cdots\cdots=?$$

이게 무슨 해괴한 공식인가? 비밀 첩보원들의 암호는 아니고, 초등학교 산수 문제치곤 좀 어려워 보이는데! 이 수식은 산수 잘한다고 푸는 문제도 아니고, 그렇다고 수수께끼도 아니다. 교장, 교감을 거쳐 퇴임을 했거나, 현재 우리 교육을 쥐락펴락한다는 분들이 수십년 동안이나 풀어왔던 승진 관문의 빈출 문제이다.

앞의 $[0.4(80-x1/n)+0.6(80-x2/n)]$은 근무평정 점수이고, 다음은 장학사 근무경력 점수, 다음은 보직교사 근무경력 점수, 그다음은…… 이런 식이다.

조금 어렵고 낯설긴 하지만 이제 무엇인지, 무슨 말을 하려는지 조금은 알 것이다. 바로 교장·교감이 되는 자격을 얻기 위한 승진 점수 계산식이다. 이렇게 해서 일정한 점수를 쌓은 상위 순번의 교사가 자격 연수에 참가하고, 나중에 교장·교감 등으로 나갈 기회를 잡는다.

어찌 보면, 구체적으로 점수를 계량화하고, 그에 따라 임용한다는 점에서 가장 공정한 게임의 법칙 같기도 하다. 그러나 거기엔 교육현장에 있어본 사람들만이 아는 어떤 꼼수가 들어 있다.

먼저 승진에 가장 큰 점수를 차지하는 근무평정을 살펴보자. 아시다시피 이건 그야말로 교사의 교육능력이나 교육에 대한 열의와는 무관하게 점수 잘 받는 교사들이 따로 있다.

순위가 매겨지는 것이다보니, 입바른 소리 잘하는 교사가 바닥을 깔게 되어 있다. 그 학교의 교장·교감의 잘못만은 아니다. 구조적으로 그렇게 되어 있다. 전문직에 나가기 위해 군소리 없이 점수 쌓는 사람들 우선 점수 잘 주고, 보직교사들 점수 주고, 교장·교감 잘 챙기는 교사 점수 주고 나면, 그 줄에 서지 못하는 사람들은 찬밥이 된다. 수업 시수 많고 열심히 담임 해봐야 하위권을 벗어날 수가 없다.[9)]

일정한 경력 이상의 교사들이라면 누구나 교장자격증 없이 교장임용에 응모해서 교장이 될 수 있게 해야 합니다. 물론 그 교장응모 제도는 교육에 대한 열정과 능력을 가진 사람이 교장이 되는 데 유리하게끔 세부규칙을 만들어야 합니다. 학생과 교사 들의 존경과 인정을 받는 사람이 교장이 되도록 해야만 승진경쟁이 학교 교육에 바람직하게 작용할 수 있습니다.[10]

물론 학교경영능력은 교육능력과는 다릅니다. 교육능력이 학교경영 능력과 정비례하는 것은 아닙니다. 하지만 그것은 교무행정능력도 마찬가지입니다. 사무업무를 처리하는 능력이 뛰어나다고 학교경영능력이 뛰어난 것은 절대 아닙니다. 학교경영능력은 교육능력과 다르지만 교무행정능력과도 완전히 다른 것입니다. 굳이 말하자면 저는 차라리 학교경영은 교육적 능력이 뛰어난 사람이 더 잘할수 있다고 생각합니다. 학교경영의 궁극적 목적이 학교 교육을 잘하게 만드는 것에 있다면 말입니다.

1

수많은 열쇠가 필요하다

문제를 단번에 해결하는 만능키 같은 정책이 존재하면 좋겠습니다. 하지만 그런 정책은 존재하지 않습니다.

이미 부동산 값이 GDP의 4~5배에 이르는 나라에서, 더구나 민간 소유의 주택이 96%에 이르는 나라에서 어떤 정책 하나로 우리 부동산의 누적된 모든 문제가 해결된다는 것 자체가 어불성설이다. 그럼에도 우리는 과학적이고 합리적인 정책의 조합보다는 '한방'에 이 모든 것을 해결할 메시아적 구호에 미혹된다. 전문가도, 정치인도 또 시민들도 그런 기대에서 벗어나지 못하고 있다.

『부동산은 끝났다』(김수현 지음, 오월의봄 2011)에 나오는 구절입니다.

저는 이 부분을 읽으며 한참 동안 교육문제를 생각했습니다. 교육문제 또한 부동산문제만큼이나 심각합니다. 아니, 그보다 훨씬 더 심각합니다.

문제가 심각할수록 사람들은 만능의 해결책을 원하게 마련입니다. 고르디우스의 매듭을 끊은 알렉산드로스의 칼처럼 문제를 대번에 풀 해법이 있으면 얼마나 좋겠습니까? 하지만 불행히도 그런 해결책은 없습니다. 어쩌면 수십개의 정책이 모두 성공적으로 실행되어야만 문제가 해결될 수 있을지 모릅니다. 그러니 우리는 교육문제를 단번에 해결하는 마법 같은 비법을 찾아 시간과 에너지를 낭비해서는 안됩니다. 수십개의 정책과 방안을 시행하는 힘들고 더딘 길을 걸어가야 합니다.

앞에서 얘기한 정책들은 파급력이 매우 큰 정책들입니다. 그에 비해 파급력은 작지만 나름의 의미가 있는 정책들도 많습니다. 우리는 그 모든 정책을 소중히 여겨야 할 것입니다. 각각의 의미를 살펴 적절히 시행해야 할 것입니다. 이제 여러 모양의 열쇠를 소개하겠습니다.

2

고고평준화

초·중생의 입시부담 완화, 일반고의 황폐화 방지

특목고 진학을 위한 경쟁은 중학생뿐만 아니라 초등학생들까지 짓누르고 있습니다. 고교입시를 폐지하는 것만이 올바른 문제해결 방법입니다.

대학입시의 폐지는 어렵지만 고교입시 폐지는 현실적으로 가능합니다. 고교평준화를 통해 얼마든지 이룰 수 있습니다. 고교평준화 제도는 성공적인 제도입니다. 부작용이 없지 않지만 그 부작용은 평준화의 틀 안에서 얼마든지 개선할 수 있습니다. 앞에서 얘기한 무학년 학점제가 바로 그것입니다.

외국어고·과학고 등의 특목고와 자사고는 일반고로 전환해야 합니다. 특목고의 존재로 인해 고교진학 단계에서도 치열한 입시경쟁이 벌어지고 있습니다. 그리고 비평준화지역까지 고교평준화 제도를 확대 시행해야 합니다. 특목고와 자사고를 일반고로 전환하는 것이 어렵다면 시험성적에 의한 선발을 추첨에 의한 선발로 완전히 전환해야 합니다. 이를 통해 우리는 초등생·중학생의 입시부담을 상당부분 완화할 수 있습니다.

자사고의 폐지는 단순히 고교입시 폐지를 위해서만 필요한 것이 아닙니다. 일반계 고등학교의 황폐화 현상을 막는 데에도 반드시 필요합니다. 자사고의 등장으로 일반계 고등학교가 급격하게 황폐화될 수 있습니다. 자사고가 많지 않은 지방은 덜하지만 자사고가 집중적으로 몰려 있는 서울의 경우는 그 폐해가 이미 심각하게 나타나고 있습니다.

교사들에게 언제나 수업은 힘들고 어려운 일이지만 아주 예외적인 경우가 아니면 수업이 힘들다고 심하게 푸념하는 교사는 많지 않습니다. 그런데 2010년부터 서울의 일반계 고등학교에서는 교사들의 푸념소리가 부쩍 늘기 시작했습니다. 그해엔 주로 1학년 담당교사들의 푸념이 많아졌습니다. 2,3학년을 담당하는 교사들은 그게 뭐 어제오늘의 일이냐는 반응을 보이기도 했습니다. 하지만 1학년 담당교사들은 '수업 안해본 사람은 몰라'라는 반응을 보이며 고개를 절레절레 저었습니다. 그런데 그다음 해인 2011년에는 2학년 담당교사들의 푸념도 상당히 많아졌습니다.

2010년, 서울의 일반고에선 어떤 일이 일어났던 것일까요. 학급의 성적분포도가 비정상적으로 왜곡되기 시작했습니다. 자사고 때문입니다. 자사고는 2010년에 처음 생겨 현재 전국에 약 50개가 있습니다. 그중 26개가 서울에 집중되어 있습니다.(2012.3.1. 교과부) 그런데 서울의 자사고에는 중학교 내신성적 상위 50% 이내의 학생들만 입학할 수 있습니다. 그중에서도 실제로 자사고에 지망하는 학생은 주로 중상위권 학생입니다. 최상위권 학생들 중 상당수는 외국어고 등 특수목적고를 지원합니다.

자사고로 중상위권 학생들이 대거 빠져나가는 바람에 일반고에서는 중상위권 학생 수가 급격히 줄어들었습니다. 그런데 이 학생들은 대부분의 교사가 수업의 기준으로 삼는 학생들입니다. 그리고 수업참여도가 상당히 높은 편인 학생들입니다.

현저히 얇아진 중상위권 학생층, 더 두꺼워진 하위권 학생층, 여전히 존재하는 최상위권 학생층(최상위권 학생들은 주로 특목고 진학에 실패한 후 들어옵니다). 일반고의 성적분포도는 이렇게 수업의 진행 자체가 너무도 어려운 상태로 변해버렸습니다. 수업하는 교사로서 이보다 더 나쁜 성적분포도는 상상하기 어렵습니다. 결국 일반고의 수업붕괴 현상은 점점 더 일반적인 현상이 되어가고 있습니다.

문제가 수업붕괴로만 그친다면 그나마 다행입니다. 일반고에는 또다른 문제가 발생할 수 있습니다. 무엇보다 학생들의 교우관계가 이전에 비해 나빠질 수밖에 없습니다. 학급의 교우관계에서 허리 역할을 해주던 학생층이 현저히 얇아졌기 때문입니다. 어쩌면 이로 인해 학교폭력마저 증가했을지 모릅니다. 이것은 사회의 중산층이 붕

괴됐을 때 나타나는 현상이 학교에서도 나타나는 것이라 할 수 있습니다. 중산층이 튼튼하지 않은 사회가 건강하고 평화롭게 유지될 수는 없습니다. 학교도 마찬가지입니다.

물론 자사고 이전에도 일반고에는 문제가 많았습니다. 그중 상당 부분은 고교평준화 제도로 인해 발생한 문제일 수 있습니다. 하지만 자사고를 만들어 평준화제도를 해체하는 것은 결코 정답이 될 수 없습니다. 고교평준화 제도에 대한 사회적 합의는 이미 충분하다고 생각합니다. 문제가 있다면 평준화제도 안에서 개선해야 합니다. 쉬운 일이 아니지만 방법이 없는 것은 아닙니다. 실제로 많은 나라들이 평준화제도 안에서 문제를 해결하고 있습니다.

무거운 바벨을 들고 간신히 버티고 있는 역도 선수에게 무거운 쇳덩어리 몇개를 더 올려놓으면 어떻게 될까요. 자사고의 등장이 서울의 일반고에 미친 영향이 정확히 그것과 같습니다.[1]

중·고등학교 교육의 정상화

고교평준화를 통해 고교입시를 폐지하면 중학교에서 무학년 학점제·학급별 평가·절대평가를 큰 어려움 없이 시행할 수 있습니다. 특히 학급별 평가와 절대평가는 거의 아무런 준비 없이도 곧바로 시행할 수 있습니다. 학급별 평가와 절대평가는 교육적 차원에서 보면 너무나 당연한 평가제도입니다. 학생을 줄 세워야 하는 현재의 상황에서만 문제될 뿐입니다.

곽노현 서울시교육감도 임기 초기에 절대평가에 대한 절대적인 지지를 표명한 적이 있습니다. 당시의 기사를 검색해보니 "고교내신 절대평가 절대적으로 옳다"란 말이 표제로 되어 있습니다.

곽노현 서울시교육감은 20일 "내신은 장기적으로 절대평가제로 바뀌어야 한다"며 현재 상대평가제로 운영되는 내신체제에 대한 개선 필요성을 언급했다. 곽 교육감은 교육과학기술부가 연구 중인 '고교내신 절대평가제 전환' 계획과 관련해 "절대적으로 옳은 방향"이라며 교육감으로서는 처음으로 지지 의사를 밝혀 귀추가 주목된다.

곽 교육감은 이날 기자들과 만난 자리에서 "우리 교육은 과도하게 선발기능 중심으로 돼 있다. 지금처럼 아이들에게 경쟁을 내면화하는 내신제도는 바뀌어야 한다"며 절대평가로의 전환을 주장했다.

곽 교육감은 이기정 창동고 교사가 쓴 '내신이 바뀌어야 교육이 산다'는 책을 소개하면서 "교과부 방침이 언론에 보도되기 전에 먼저 그런 제안을 하려고 생각했었다"고 말했다. 다만 절대평가의 고질적 병폐였던 내신 부풀리기 문제에 대해서는 "부작용은 관리 차원에서 생각해야 한다"고 짧게 답했다.[2]

기사를 보니 곽 교육감은 절대평가에 대해 얘기하며 제 책 『내신을 바꿔야 학교가 산다』를 언급하고 있습니다. 제목이 조금 잘못 소개되긴 했지만요.

아무튼 교육적 차원에서 보면 절대평가는 절대적으로 옳습니다. 이것을 받아들이지 못할 이유가 없습니다. 고교평준화가 되면 우선 중학교에서 완전한 형태의 절대평가를 시행할 수 있습니다. 상대평가가 가미된 불완전한 절대평가가 아닌 온전한 형태의 절대평가를 시행할 수 있습니다. 마찬가지로 학급별 평가제의 도입도 매우 쉬워질 것입니다. 고교평준화는 중학교 교육의 획기적 발전을 위해 꼭 필요한 정책입니다.

고교평준화를 하면 고등학교에서 무학년 학점제·학급별 평가·절대평가를 도입하는 데에도 한결 부담이 적어집니다. 2011년 교과부에서 고등학교 내신에 절대평가를 도입하겠다는 계획을 발표했을 때 상당한 반대가 있었습니다. 교육계에서는 절대평가의 취지와 방향에 대해 긍정적으로 평가하면서도 특목고와 자사고 쏠림현상이 일어날 것을 크게 걱정했습니다.

당시 한 교원단체는 절대평가 도입에 대해 "방향은 옳지만 완전한 고교평준화를 전제로 도입돼야 할 사안"이라며 "자사고 등 정부가 추진하고 있는 고교다양화 정책과 절대평가의 도입은 서로 모순된다"고 지적했습니다. 한 사교육 전문가는 "내신이 절대평가로 바뀌면 대학별 고사의 비중이 더욱 커질 것이며 다소 위축됐던 특목고와 자사고의 입학경쟁이 다시 치열해질 것"이라고 말했습니다.[3]

고교평준화를 하면 특목고와 자사고 쏠림 현상에 대해 우려할 필요가 없어집니다. 특목고와 자사고 자체가 존재하지 않으니까요. 절대평가제의 커다란 장애물이 하나 사라지게 되는 것입니다. 마찬가지 논리로 고교평준화는 무학년 학점제와 학급별 평가제도를 도입하는 데에도 유리한 환경을 만들어줍니다. 고교평준화는 중학교만이 아니라 고등학교 교육의 발전에도 크게 기여할 수 있습니다.

성공이 100% 보장된 정책

고교평준화는 정부가 의지를 갖고 시행하면 그 성공이 100% 보장된 정책입니다. 교육청이 매년 1학년 신입생을 일반계 고등학교와 똑같이 배정하면 됩니다. 사실상 2년이면 완결되는 일입니다. 그 과정이 결코 복잡하지 않습니다. 그리고 일의 성격이 분명합니다. 이루어지는 것과 이루어지지 않는 것 사이에 중간지대가 존재하지 않습니다. 서류로만 그럴싸하게 꾸민다든지, 형식적으로만 그럴싸하게 한다든지 하는 것도 불가능합니다. 일의 진척 여부가 분명하게 드러납니다. 게다가 특별히 예산을 필요로 하지 않습니다. 고교평준화를 해도 국가 재정에는 조금도 부담이 되지 않습니다. 그리고 평준화제도에 대한 국민적 합의 수준은 상당히 높은 편입니다.

문제가 되는 것은 일부 저항세력인데, 이는 정부의 의지만 있으면 충분히 극복할 수 있는 정도입니다. 고교평준화는 비용 대비 효과가 매우 큰 정책입니다. 그리고 교육적 효과에 비해 실행이 아주 쉬운 정책입니다.

3

학급당 학생 수의 감축

현실적 제약, 현실적 해결책

학급당 학생 수의 감축은 학교 수업의 질적 향상을 위해 매우 중요합니다. 토론, 발표, 글쓰기 등 학생들의 능동적 참여가 필요한 수업이 이루어지려면 한 학급의 학생 수가 20명 내외까지 줄어야 합니다. 학급의 학생 수가 많으면 일방적인 강의식 수업밖에는 이루어질 수 없습니다. 강의식 수업이 무조건 나쁘다는 건 아닙니다. 하지만 거의 모든 수업이 강의식으로만 이루어지는 것은 분명 문제가 있습니다. 그뿐만 아니라 학급의 학생 수가 많으면 교사와 학생이 상호 작용하기도 어렵고, 교사가 학생 개개인에게 깊이 관심을 기울이기도 어렵습니다.

물론 옛날에 비하면 지금의 교실은 상황이 한결 낫습니다. 한 교실에 60~70명이던 시절에 비하면 천국이나 마찬가지입니다. 하지만 우리의 비교대상이 1970년대나 80년대의 우리나라 학교일 수는 없습니다. 우리의 비교대상은 현시대 선진국들의 학교여야 합니다.

토론수업과 프로젝트 수업 등의 학생참여형 수업이 강의식 수업과 조화를 이루며 공존하려면 학급당 학생 수는 20명 정도로 줄어야 합니다. 이른바 선진국들의 학급당 학생 수가 대략 그 정도입니다.

지금 당장 학급의 학생 수를 감축하는 데에는 많은 어려움이 있습니다. 하지만 장기적으로 보면 크게 어려운 일이 아닙니다. 출산율이 떨어져 학령인구가 감소하고 있기 때문에 세월이 지나면 학급당 학생 수는 저절로 줄어들 것입니다. 물론 자연적인 학령인구의 감소만 가지고 학생 수를 20명까지 줄이기는 어렵겠지만요.

학령인구 감소현상을 생각하면 국가 예산을 투여해서 빠른 시간 안에 학급당 학생 수를 획기적으로 줄이자는 주장을 하기가 참 꺼려집니다. 세월이 흐를수록 학급의 학생 수가 조금씩 줄어들 텐데 굳이 예산을 들여 학생 수를 감축해야 하나, 이런 생각을 하게 됩니다.

초등학교의 경우는 현실적으로 출산율 저하에 따른 학령인구의 감소현상을 더 절실하게 고려할 수밖에 없을 것 같습니다. 학급당 학생 수를 지금 당장 대대적으로 감축하는 것은 곤란하다는 얘기지요. 지금 당장 학급당 학생 수를 감축하려면 교실을 증축하고 교사를 증원해야 하는데, 그렇게 되면 머지않아 학령인구가 감소했을 때 난처한 상황이 발생할 수 있습니다. 그러므로 초등학교는 학령인구 감소현상을 이용하여 점진적으로 학급당 학생 수를 감축하는 것이 타당하다는 생각입니다.

저는 『교육을 잡는 자가 대권을 잡는다』에서 초등학교는 출산율 저하에 따른 학령인구 감소로 학급당 학생 수를 줄이는 것이 타당할 수 있지만, 중·고등학교의 경우는 국가 예산을 투여해서 지금 당장 줄여야 한다고 주장한 바 있습니다. 하지만 이제는 중학교까지도 학령인구 감소현상을 이용해야 하지 않을까 하는 생각이 듭니다.

지금 당장 학급당 학생 수를 20명 내외로 감축할 때 가장 큰 어려움은 예산의 문제입니다. 학생 수를 줄이려면 교실이 지금보다 더 많아져야 하고 교사가 더 많이 충원되어야 합니다. 교실이 부족한 거야 교실 한개를 쪼개서 두개로 만들 수도 있겠지만 교사의 충원은 상당한 예산을 필요로 합니다.

얼마 전 노무현정부에서 교육부 차관을 역임한 서남수 선생님과 교육예산에 대해 공부를 했었습니다. 그때 그분이 초·중등 교육부문에서는 예산을 많이 필요로 하는 개혁정책이 설득력을 갖기 어렵다는 말씀을 하셨는데, 유독 그 말이 오랫동안 가슴에 남았습니다.

단위(%)			전체 교육단계			초·중등 교육단계			고 교육단계		
			정부부담	민간부담	계	정부부담	민간부담	계	정부부담	민간부담	계
기준연도 (2007)	발표연도 (2010)	한국	4.2	2.8	7.0	3.1	0.8	4.0	0.6	1.9	2.4
		OECD 평균	4.8	0.9	5.7	3.3	0.3	3.6	1.0	0.5	1.5

* 교과부·한국교육개발원 발표 '2010년 OECD 교육지표'(2008년 통계자료, 재정통계는 2007년 결산에 따름)

이 표는 GDP 대비 공교육비 부담비율입니다. 표에서 확인할 수 있듯이 우리나라 초·중등 교육에서 GDP 대비 국가의 교육비 부담 비율은 다른 OECD 국가에 비해 크게 낮지 않습니다. OECD 평균에 비해 0.2% 부족할 뿐입니다. 중등교육에 더 많은 예산을 투입하자는 주장이 설득력을 갖기 어려운 상황인 것입니다.

그럼에도 학급당 학생 수 20명으로의 감축은 학교 교육의 발전을 위해 매우 중요합니다. 우리는 선진국의 학급당 학생 수가 왜 20명 내외인지에 대해 곱씹어봐야 합니다.

고등학교의 학생 수 감축방안

학령인구 감소에 기대어 학급당 학생 수를 감축하자면 고등학교는 너무 오랜 기간이 걸립니다. 즉각적인 조치가 필요하다고 생각합니다.

이왕 하려면 단번에 학급당 학생 수를 20명으로 줄이는 것이 좋습니다. 이때 직면하게 되는 커다란 문제는 두가지입니다. 하나는 교실의 부족이고 다른 하나는 교사의 부족입니다. 학급당 학생 수를 20명으로 줄이려면 지금보다 약 70% 정도의 교실과 교사가 더 필요합니다.

저는 교실 부족문제를 단번에 해결하기 위해 교실을 반으로 나누어 교실 한개를 두개로 만들자는 제안을 『교육을 잡는 자가 대권을 잡는다』에서 한 바 있습니다. 그렇습니다. 교실 부족을 해결하는 방법은 간단합니다. 교실을 한개를 두개로 쪼개는 결단을 내리는 순간 교실 부족문제는 순식간에 해결됩니다.

이것이 학급당 학생 수를 점진적으로 줄여나가는 것보다 물리적으로도 훨씬 용이합니다. 언뜻 생각하면 말이 안되는 소리인 것 같지만 사실입니다. 왜 그런가요? 한 학급의 학생 수를 단계적으로 25명으로 줄인다고 가정해보죠. 이런 방침을 세운 학교에는 교실이 지금보다 평균적으로 30~40% 정도 더 필요합니다. 어떻게 공급할까요?

이 경우도 교실 하나를 둘로 나누어 25명 학급으로 만드는 방법을 생각해볼 수 있습니다. 하지만 지금의 절반만 한 교실은 25명이 생활하기에 너무 비좁습니다. 교실 가운데 선을 그어놓고 25개의 책상을 배치하려면 계산이 잘 안 섭니다. 두개 교실을 세개로 만들자는 의견이 있을 수 있습니다. 하지만 그러려면 교실의 모든 벽을 허무는 큰 공사를 해야 합니다. 학교의 교실을 다 뜯어내고 두개 교실을 세개로 만드는 공사를 한다고 생각해보십시오. 학교는 온통 공사판이 될 것입니다. 비용도 엄청나겠지만 무엇보다 몇달 정도 휴교를 하지 않고서는 완성이 어려운 대공사입니다.

교실 수를 대대적으로 늘리는 방안도 생각해볼 수 있습니다. 이 경우 두가지 방법이 있는데 하나는 운동장에 신축 건물을 짓는 것이고, 다른 하나는 기존 건물의 층수를 높이는 것입니다. 둘 모두 현명한 방안이 못됩니다. 비용도 비용이지만 역시 학교가 일년 내내 공사판일 수밖에 없습니다. 특히 건물을 늘리느라 학교의 운동장이 사라지는 것은 바람직하지 않습니다. 학교 운동장은 소중합니다. 가급적 그대로 유지하여 학생뿐만 아니라 지역주민들도 이용할 수 있도록 해야 합니다. 이런 부작용을 감수할 바엔 차라리 생각을 획기적으로 바꿔 학급의 학생 수를 단번에 20명 이하로 감축하는 것이 바람직합니다.[4)]

이에 비해 교사 부족문제를 해결하는 것은 상당히 어렵습니다. 지금 당장 고등학교의 학급당 학생 수를 20명으로 감축하려면 8,9만 명 정도의 교사를 신규로 채용해야 합니다. 그 정도의 교사를 충원하려면 상당한 예산이 필요합니다. 정부의 부담이 큽니다. 물론 정부의 부담이 크다면 그 부담을 분산하는 방법을 생각해볼 수 있을 것입니다.

첫째, 학생의 수업시간을 20% 정도 줄입니다. 학급당 학생 수를 20명 이하로 줄이면 수업의 질이 훨씬 좋아집니다. 교실의 학생 수가 획기적으로 줄면 학생들은 수업시간이 줄어도 지금보다 더 많은 지식과 지혜를 습득할 수 있습니다. 수업시간을 줄여도 수업의 질 향상이 그것을 상쇄하고도 남습니다.

둘째, 교사의 수업시간을 20% 정도 늘립니다. 교실의 학생 수가 줄면 교사가 수업하기가 지금보다 한결 쉬워집니다. 같은 수업이라도 노동강도가 현저히 약화되는 것입니다. 그렇다면 정부는 교사에게 노동강도 약화라는 이익을 제공하는 대신 수업시간의 연장이라는 부담을 요구해볼 수 있습니다.

셋째, 3만명 내외의 교사를 새로 충원합니다. 대략 현재 고등학교 교사 수의 25% 정도인 2,3만명 정도의 신규 교사를 채용하면 되지 않을까 생각합니다. 신규 교사 충원비용은 약 1조원이 예상됩니다.

1조원의 교육예산이 증가함으로써 일단 고등학교의 교육인프라는 선진국 수준으로 도약할 수 있습니다.

학령인구의 감소현상과 학급당 학생 수 감축에 드는 예산 부담을 생각하면 중학교는 학령인구 감소현상을 이용해서 점진적으로 감축할 수밖에 없을 것 같습니다. 하지만 고등학교의 경우는 당장 시행하는 것이 좋다고 생각합니다. 왜 이렇게 주장하는 걸까요?

인구감소 효과를 기다려 학생 수를 줄이는 데 너무 오랜 기간이 필요하기 때문이기도 하지만, 또하나의 이유가 있습니다. '교과교실제'를 하려면 어차피 교실이 지금보다 훨씬 많이 필요하기 때문입니다. 교과교실제는 교과목마다 전용교실을 두는 제도입니다. 학생들이 수업시간표에 따라 교실을 이동하며 수업을 받는 형식이지요.

현재 우리의 학교 수업은 학생이 교실에 앉아 있으면 담당과목의 교사가 들어와 수업하는 방식으로 진행되고 있습니다. 학년·학급 중심 교육과정에서는 그렇게 수업이 진행될 수밖에 없습니다. 하지만 무학년 학점제 교육과정은 학년·학급 중심 교육과정과는 전혀 다른 교육과정입니다. 무학년 학점제에서는 교과교실제의 전면적인 시행이 필요합니다.

물론 지금도 교과교실제는 일부 학교에서 시행되고 있습니다. 실제로 교과교실제를 충실히 시행하고 있는 학교의 경우 교사들의 만족도가 전반적으로 높은 것으로 알려져 있습니다. 하지만 전면적인 교과교실제를 시행하고 있는 학교는 거의 없습니다.

교과부 홈페이지에서 찾아보니 교과부도 교과교실제에 관심이 큰 것 같습니다. '창의적 교실수업 구현을 위한 교과교실제'란 자료가 있더군요. 교과교실제가 필요하단 것을 교과부도 인정하고 있는 것입니다.

교과교실제의 가장 큰 장벽은 무엇보다 교실 수의 현저한 부족입니다. 교과교실제가 제대로 효과를 보려면 교사가 한개의 교실을 배타적으로 사용하는 것이 좋습니다. 한개의 교실을 여러명이 사용할 수도 있겠지만 그것은 예외적인 경우여야 합니다. 예산 부담을 줄이면서 교과교실제가 제대로 실행되려면 역시 교실 한개를 두개로 만드는 방식이 현실적입니다. 교실 한개를 두개로 만들어 교실 수를 대폭적으로 늘리려면 또한 학급당 학생 수도 20명으로 줄일 수밖에 없습니다. 교실 나누기를 통한 학생 수 감축은 이제까지 얘기한 여러 제도를 시행할 여건을 만들어줍니다. 그래서 고등학교에서는 인구감소 현상을 고려하지 말고 당장 학급당 학생 수를 20명으로 줄이자고 제안했던 것입니다.

4

입시제도를 어찌할 것인가

새로운 내신제도와 대학별 논술고사

무학년 학점제·학급별 평가·절대평가 등이 도입되면 우리의 학교 교육은 크게 발전할 것입니다. 여기에 더해 교육 중심의 학교제도 구축, 학급당 학생 수의 감축 등이 이루어지면 그야말로 획기적인 발전을 이룩할 것입니다.

그런데 획기적 발전이라면 어느 정도의 발전을 말하는 걸까요? 머지않아 선진국의 학교 교육을 따라잡을 정도일까요? 우리나라에서도 독일이나 프랑스만큼 고차원적 수업이 이루어지게 될까요? 학생들이 능동적으로 참여하는 토론식 수업이 대폭 늘어나게 될까요? 발표수업과 프로젝트 수업 등이 널리 진행될까요? 일상적인 글쓰기 수업이 가능해질까요? 학교 시험이 선진국처럼 논술식 시험으로 치러지게 될까요?

글쎄요. 저는 앞의 개혁정책들로 그 정도까지 욕심내는 것은 좀 무리라고 생각합니다. 수십 년 넘게 이어온 관습의 힘은 강력합니다. 교사들은 너무나 오랫동안 저차원적인 수업을 해왔습니다. 그리고 저차원적인 시험문제를 출제해왔습니다. 교사뿐만 아니라 우리 모두가 이런 교육에 너무나 익숙해져 있습니다. 학생과 학부모도 예외가 아닙니다. 교사들이 저차원적인 수업과 시험에 익숙한 것처럼 학생과 학부모도 그러한 수업과 시험에 익숙해져 있습니다. 우리는 이 문제를 직시해야 합니다.

우리의 학교 교육이 선진국 수준으로 발전하려면 교사가 변하고 학생이 변하고 학부모가 변해야 합니다. 40만 교사가 새로운 차원의 수업과 시험을 시도해야 합니다. 학생과 학부모 또한 그러한 수업과 시험을 강렬히 원해야 합니다.

무엇이 이것을 가능하게 할 수 있을까요? 그것은 교사와 학생과 학부모에게 엄청난 영향력이 있는 어떤 것이어야 합니다. 교사와 학생과 학부모를 단숨에 움직일 수 있는 그것은 무엇일까요?

대학입시입니다. 대학입시만이 그런 강력한 힘을 가지고 있습니다.

저는 우리나라 학교 교육이 선진국만큼 발전하려면 대학별 논술고사라는 입시의 힘을 이용해야만 한다고 생각합니다.

대학별 논술고사는 학교 수업에 커다란 변화의 압력을 가할 수 있습니다. 토론수업, 프로젝트 수업, 글쓰기수업, 논술식 시험 등을 단기간에 학교 교육에 정착시키려면 대학별 논술고사의 힘을 빌려야 합니다. 물론 지금도 대학별 논술고사는 존재합니다. 하지만 현재의 내신제도 속에서는 대학별 논술고사가 학교 수업에 영향력을 발휘하기 어렵습니다. 수능시험이 존재하는 한 대부분의 학교 수업은 대학별 논술고사보다 수능시험을 입시의 기준으로 삼을 것입니다. 토론수업, 프로젝트 수업, 글쓰기수업, 논술식 시험 등을 단기간에 정착시키려면 새로운 내신제도를 도입함과 동시에 객관식 시험인 수능시험을 폐지해야 합니다. 그래서 대학별 논술고사를 입시의 중심으로 삼아야 합니다.

입시제도 = 새로운 내신제도에 의한 학교 시험 + 대학별 논술고사

이것이 입시의 기본 틀이 되어야 하는 것입니다. 알다시피 프랑스와 독일의 대학입학 자격고사 바깔로레아와 아비투어는 논술식 시험입니다. 바깔로레아, 아비투어와 가장 유사한 우리나라의 시험은 대학별 논술고사입니다. 물론 우리나라 대학별 논술고사의 시험문제가 바깔로레아와 아비투어 문제처럼 훌륭한가에 대해서는 논란의 여지가 있습니다. 하지만 그 기본 패러다임은 크게 다르지 않다고 생각합니다. 바깔로레아 철학논술 문제를 몇개 살펴보겠습니다.

 - 스스로 의식하지 못하는 행복이 가능한가?
 - 우리가 하고 있는 말에는 우리 자신이 의식하고 있는 것만이 담기는가?
 - 예술작품은 모두 인간에 대해 이야기하고 있는가?

－우리는 과학적으로 증명된 것만을 진리로 받아들여야 하는가?

－권리를 수호한다는 것과 이익을 옹호한다는 것은 같은 뜻인가?

－무엇이 내 안에서 어떤 행동을 해야 할지를 말해주는가?[5]

만약 프랑스와 독일의 대학입학 자격고사가 논술식 시험이 아니라 우리나라의 수능시험처럼 완전히 선다형 객관식 시험이었다면 프랑스와 독일의 학교 수업은 어찌 됐을까요? 그래도 학교 수업에 토론, 발표, 글쓰기 등이 일상적으로 존재했을까요? 학교 시험이 논술식으로 치러졌을까요? 저는 불가능했을 거라 생각합니다. 아무리 프랑스와 독일이 우리나라에 비해 현저히 입시경쟁이 적은 나라라고 하지만 그렇게까지는 못됐을 거라 생각합니다. 프랑스와 독일의 학교 수업에 토론, 발표, 글쓰기 등이 일상적으로 존재할 수 있었던 것은 그러한 수업이 입시(바깔로레아, 아비투어)에 큰 도움을 줄 수 있었기 때문이라 생각합니다.

토론, 발표, 글쓰기 등의 수업이 학교 수업에서 일상적으로 이루어지려면 그러한 수업이 입시에 현저하게 유리해야 합니다. 지금의 우리 수능시험으로는 부족하다고 생각합니다. 선다형 객관식 시험은 분명한 한계가 있습니다. 물론 원론적 차원에서는 토론, 발표, 글쓰기 수업이 수능시험에 큰 도움이 된다고 말할 수 있습니다. 하지만 그 사실을 교사와 학생이 피부로 느끼기는 어렵습니다. 학교 수업에 혁명적 변화를 가져오려면 수능시험을 폐지하고 대학별 논술고사 중심으로 가야 합니다. 사실 시험 그 자체의 논리로만 따지면 논술고사가 가장 바람직한 시험입니다. 저는 앞서『내신을 바꿔야 학교가 산다』에서도 이 점을 강조한 바 있습니다.

객관식 시험은 교사(교수)들에게 학생들의 지적 수준에 대한 정보를 제대로 제공해주지 못한다. 그러나 학생들의 논술문 한편을 읽어보면 학생들의 지적 수준이 훤히 보이는 것이 사실이다. 논술이 완벽한 시험이라는 것은 아니다. 완벽한 것은 그 어디에도 존재하지 않는다. 그러나 논술시험이 객관식 시험에 비해 학생들에 대해 월등히 많은 정보를 제공해주는 것은 분명하다. 나는 지적 성실성이 있는 교사나 교수라면 논술고사가 객관식 위주의 학교 시험이나 수능시험보다 더 우월한 시험이라는 것을 조금의 망설임도 없이 인정하리라 생각한다.

나는 한때 학원강사였다. 지금은 교사이다. 그래서 논술고사, 수능시험, 학교 시험, 이 세가지 시험 모두에 대한 충분한 수업 경험이 있다.

어느 수업이 가장 재미있었는가? 논술고사 수업이다. 어느 수업이 가장 보람있었는가? 논술고사 수업이다. 어느 수업이 가장 많은 공부가 필요한가? 논술고사 수업이다. 교사의 폭넓은 지식과 깊이있는 사고력이 가장 많이 요구되는 수업은 어느 것인가? 역시 논술고사 수업이다.

물론 중요한 것은 교사가 아닌 학생이다. 학생들이 수업을 통해 무엇을 얻느냐가 가장 중요하다. 학생들은 어느 수업을 통해 더 지혜로워질까? 어느 수업을 통해 더 사고력이 풍부해질까? 어느 수업을 통해 더 국어능력이 향상될까? 역시 논술고사 수업이다.[6]

지금까지는 프랑스와 독일을 예로 들어 얘기했지만 스웨덴을 예로 들 수도 있을 것입니다. 얼마 전 스웨덴 국립교육청의 관료를 역임했던 서울시 교육연구정보원 황선준 원장의 강연을 들은 적이 있습니다. 스웨덴의 시험도 철저히 논술식 시험이라고 하더군요.

다음은 황선준 원장이 예를 들어준 스웨덴 국가시험 문제의 일부입니다. 시험은 스웨덴어 시험, 즉 우리의 국어시험입니다.

- 텍스트 자료[7]의 제목이 '경계점에서'라고 명명된 이유에 대해 논하라.
- 쪼개지고 흩어진 사회보다 하나로 뭉친 공동체를 이루기 위해 총리(스웨덴은 의원내각제와 입헌군주제를 채택하고 있습니다)가 젊은이들을 대상으로 프로젝트 아이디어를 공모하려 한다. 총리에게 보낼 서한문을 작성하라. 공동체 형성을 도모할 수 있는 프로젝트를 서술하고 왜 자신의 프로젝트가 투자할 가치가 있는지에 대해 논하라.
- 어떤 일은 허용과 금지가 연령에 따라 정해져 있다. 텍스트 자료에 몇개의 예가 있다. 지금 학생이 살고 있는 지역의 신문에서 연령제한에 대한 토론을 하고 있다고 하자. 하나의 토론글을 작성하라. 연령제한을 두는 문제를 선택해서 연령제한을 계속 유지해야 할지 아니면 개혁해야 할지에 대해 주장하라.

스웨덴의 국가시험에는 이런 문제가 출제된다고 합니다. 9학년,

즉 우리의 중학교 3학년 국어시험 문제가 이렇게 고차원적입니다. 이런 시험이 존재하는데 교사들이 학교 수업을 단편적 암기 위주의 수업으로 진행할 수 있겠습니까? 설사 교사가 그런 수업을 한다 할지라도 학생과 학부모가 그런 수업을 용납하겠습니까?

이런 문제가 국가시험 문제로 출제되어야 학교 수업과 학생들의 공부방식이 크게 변할 수 있습니다. 그들이 고차원적 수업을 할 수밖에 없는 이유는 고차원적 시험이 존재하기 때문입니다. 고차원적 시험이 고차원적 수업을 강제하는 것입니다.

물론 시험이 이렇게 고차원적임에도 불구하고 저들 나라의 학생들은 우리나라 학생들처럼 난감해하지 않습니다. 학교 수업에서 일상적으로 이루어지는 토론, 발표, 글쓰기 등으로 그러한 고차원적 시험에 충분히 대비할 수 있기 때문입니다.

우리나라 학교에는 이러한 시험과 수업의 전통이 전무합니다. 그 누구도 이런 경험을 한 적이 없습니다. 대학별 논술고사가 존재해야 학교 시험이 논술식 시험으로 바뀔 가능성이 큽니다. 학교 수업 또한 논술 패러다임으로 발전할 수 있습니다.

여기서 저는 대학별 논술고사를 주장했습니다. 하지만 꼭 대학이 주관하는 논술고사를 고집하는 것은 아닙니다. 국가가 주관하는 논술고사여도 좋습니다. 중요한 것은 프랑스나 독일처럼 **논술식** 시험이어야 한다는 것입니다.

156

읍참마속의 심정으로 대학별 논술고사를 버리다

저는 방금 수능시험을 폐지하고 대학별 논술고사를 중심으로 한 입시제도를 도입하자는 취지의 얘기를 했습니다. 하지만 결코 간과해서는 안되는 문제가 하나 있습니다. 사교육 문제입니다.

학교의 수업과 시험이 대학별 논술고사에 상당한 도움을 줄 수 있는 데까지 발전하려면 적어도 몇년의 세월이 필요합니다. 아마 그 이상의 시간이 필요할 수도 있습니다. 그 몇년의 과도기를 과연 우리 사회가 인내할 수 있을까요?

그 몇년 동안 학생들은 입시를 전적으로 사교육에 의존할 수밖에 없을 것이 분명합니다. 사교육 폭증 현상이 나타나게 되는 것이지요. 사교육에 종사하는 분들이 자주 하는 말이 있습니다. "그 어떤 변화든 입시제도가 변하면 단기적으로는 무조건 사교육이 증가한다."

그렇습니다. 어쨌건 입시제도가 변하면 학생과 학부모는 변화된 입시제도에 불안감을 느낄 수밖에 없습니다. 그래서 사교육이 이전보다 늘어나게 됩니다. 대학별 논술고사를 중심으로 입시제도가 개편되는 것은 그 자체로 큰 변화입니다. 무학년 학점제·학급별 평가·절대평가 등을 도입하여 내신제도까지 개혁하는 것을 고려하면 그야말로 엄청난 변화입니다.

이것만 가지고도 사교육이 크게 증가할 수밖에 없습니다. 게다가, 그동안 학교 교육은 대학별 논술고사에 대해서는 아예 손을 놓고 있었습니다. 논술시험 역량을 전혀 키워주지 못했습니다. 학교 교육이 그나마 적응하고 역량을 키워온 것은 수능시험이었습니다. 수능시험에서 벌어지는 학교 교육과 사교육의 경쟁력 격차가 하나라면 논술시험에서 벌어지는 격차는 셋이나 넷, 혹은 그 이상일 것입니다. 그러니 수능시험을 폐지하고 대학별 논술고사 중심으로 입시제도를 개편하게 되면 사교육이 폭증할 것은 불 보듯 뻔한 일입니다.

물론 학교 수업이 발전해 그 격차를 줄여나가면 폭증한 사교육은 점차로 줄어들 것입니다. 학교 교육의 개혁을 위한 여러 정책이 성공적으로 정착되면 충분히 가능한 일입니다. 하지만 그것은 적어도 몇년의 세월이 흐른 다음의 일입니다.

사교육의 폭증도 우려되지만 더 우려되는 것은 사교육비의 폭증입니다. 입시제도가 논술시험 중심으로 전환하면 사교육의 폭증비율보다 훨씬 더 높은 비율로 사교육비가 폭등할 것입니다. 수능 사교육 수업료보다 논술 사교육 수업료가 더 비싸기 때문입니다. 논술강의가 수능강의보다 훨씬 더 고급스러운 강의라는 측면이 있고, 논술수업은 수능수업보다 학생 수가 훨씬 적어야 효율적이기 때문입니다. 이런 상황에서 논술시험이 입시의 중심이 되면 사교육 시장에 논술강사가 충분히 공급될 때까지 사교육 수업료는 엄청나게 치솟을 것입니다.

과연 학부모들이 이것을 감내할 수 있을까요? 국민은요? 언론은 과도기를 참고 견디자고 정부를 옹호해줄까요? 어림도 없는 소리입니다. 학부모, 국민, 언론, 모두가 정부를 향해 엄청난 비난을 퍼부을 것입니다. 이것을 감당할 민주적 정부는 없습니다.

결국 논술 중심의 대학입시는 지금 우리 현실에서는 불가능합니다. 어쩔 수 없이 포기해야 합니다. 논술 중심 대학입시가 불가능하다는 것은 입시를 통해 학교 시험에 논술식 시험이 뿌리내리도록 압력을 가하는 것이 상당기간 불가능하다는 말과 같습니다. 결국 우리는 우리의 학교 교육이 앞으로도 오랫동안 선진국 수준에 도달하지 못한다는 사실을 인정할 수밖에 없습니다. 슬프지만 어쩔 수 없는 일입니다. 이것이 우리의 현실입니다.

수능시험을 없애고 대학별 논술고사 중심으로 입시제도를 개편할 수 없다면 이제 우리는 둘 중 하나를 선택해야 합니다. 지금처럼 수능시험과 대학별 논술고사가 함께 존재하는 제도를 유지할 것인가, 아니면 차라리 대학별 논술고사를 폐지하고 수능시험 중심의 입시제도로 갈 것인가?

저는 우리 사회가 당장 대학별 논술고사 중심의 입시제도를 수용할 능력이 없다면 차선으로는 수능시험 중심의 입시제도로 가야 한다고 생각합니다. 즉 대학별 논술고사를 폐지하고 수능시험 중심으로 가야 합니다. 대학별 논술고사와 수능시험이 공존하는 것은 큰 의미가 없습니다. 대학별 논술고사와 수능시험이 공존해봤자 학교 수업은 논술시험보다는 수능시험의 영향력 아래에 놓일 것이 분명하기 때문입니다. 그럴 바에는 수능시험 위주로 가는 것이 차라리 낫다는 생각입니다.

지금 우리의 현실에서 대학별 논술고사는 감당하기 어려운 시험입니다. 안타깝지만 우리는 대학별 논술고사를 버릴 수밖에 없습니다. 읍참마속의 심정으로 말입니다.

모순에 대한 변명

여기까지 읽고 나면 어리둥절한 분들이 많을 거라 생각합니다. 실은 원고를 본 편집자도 같은 지적을 해왔습니다. 결국 대학별 논술고사의 폐지를 주장할 거면서 왜 바로 앞에서는 대학별 논술고사 위주의 입시제도를 잔뜩 높이 평가했는지 정말 말이 안된다고요. 그렇습니다. 타당한 지적입니다. 이 장의 앞뒤는 완전히 모순된 주장일 수 있습니다.

(1) 대학별 논술고사 위주의 입시제도를 만들어야 한다(수능시험을 폐지해야 한다).

(2) 수능시험 위주의 입시제도를 만들 수밖에 없다(대학별 논술고사를 폐지해야 한다).

결론만 다시 정리해놓고 보니 얼마나 논리적으로 모순인지가 분명하게 드러납니다. 제가 그렇게 말할 수밖에 없는 이유와 사정을 얘기했지만, 그럼에도 분명 저의 주장엔 모순성이 있습니다. 독자들이 어리둥절한 것도 충분히 그럴 만하다고 생각합니다.

하지만 고민 끝에 저는 이 논리적 모순을 해결하는 것은 바람직하지 않다고 결론지었습니다. 우리 교육이 처한 현실을 극명하게 보여주기 위해 오히려 제 글의 모순성을 더 부각하는 것이 좋다고 생각했습니다. 우리 앞에 놓인 장벽의 실체가 무엇인지를 분명하게 드러내기 위해선 제 글의 논리적 모순성을 완화하는 것이 아니라 오히려 더 크게 부각해야 한다고 생각했습니다. 문제의 실체를 끝까지 파고 들어가다보면 제가 지금 여기 드러내는 모순에 직면할 수밖에 없다고 생각했습니다. 회피하지 않고 그 모순과 당당히 대결해야 우리의 교육문제를 해결할 수 있다는 뜻입니다. 우리 모두가 그 모순을 직시해야만 오히려 현실개혁의 길이 열릴 수 있다고 생각합니다. 모순을 있는 그대로 보여주는 것, 이것이 오히려 진실을 더 잘 드러내는 방법이라 생각합니다. 이런 제 뜻이 독자들에게도 가닿기를 바랍니다.

5

자유가 없는 곳엔 자유를, 규율이 없는 곳엔 규율을

엄한 규율과 학생인권조례, 둘 다 옳다

학생들은 학교에서 억압과 규제를 느낍니다. 머리카락 길이 하나 자기 마음대로 못해왔습니다. 지금은 많이 나아졌다지만 여전히 많이 부족합니다. 그런데 다른 한편으로 학생들은 학교에서 방종합니다. 수업시간에 마음대로 엎드려 자려 하고 마음대로 떠들려 합니다. 약한 학생을 괴롭히는 일도 잦습니다.

저는 오랫동안 진보와 보수의 교육정책이 각자 너무 한 측면만 본다는 문제의식을 가져왔습니다. 병든 사람을 사이에 두고 이쪽 사람들은 몸무게가 적게 나가니 살을 찌워야 한다고 얘기하고 저쪽 사람들은 몸이 너무 무거우니 살을 빼야 병세가 호전된다고 싸우는 것처럼 느껴질 때가 많았습니다.

몸무게를 늘리거나 줄이는 것 자체가 정말 문제의 핵심일까요. 살이 좀더 찌면 어떻고 빠지면 또 어떻다는 말인가요. 쪄야 할 살이 쪄서 가슴과 근육이 나오면 좋은 것이고, 빠져야 할 살이 빠져서 비곗살이 줄어든다면 좋은 게 아니겠습니까. 중요한 것은 나와야 할 부분이 나오고 들어갈 부분이 들어가게 해서 건강한 몸을 만드는 것입니다. 우리나라 교육정책에 필요한 것도 이것입니다. 그런데 제 눈에 좌우파의 교육논쟁 중 많은 부분은 단순히 살을 찌울 것인가 뺄 것인가만 얘기하는 의미없는 논쟁으로 보였습니다.[8]

학생인권과 학교 규율 관련 부분에서도 저는 진보와 보수의 이런 태도를 느낍니다. 한쪽은 학생이 당하는 부자유과 억압의 측면만을 너무 많이 보는 것 같고, 다른 한쪽은 학생들이 일삼는 방종의 측면만을 너무 많이 의식하는 것 같습니다. 저는 우리 학생들에게 자유와 인권을 더 많이 보장해줘야 한다고 생각합니다. 동시에 저는 학생들에게 더 엄한 규율을 적용해야 한다고 생각합니다. 자유가 부족한 부분에는 더 많은 자유를 주고, 규율이 너무 약한 곳에는 더 엄한 규율을 적용하는 것이 필요하다고 생각합니다.

학교폭력 대처방안에서도 진보와 보수의 편향은 적지 않습니다. 진보는 교과부 등이 내놓은 처벌강화 방안에 대해 필요 이상 비판적인 태도를 취합니다. 보수는 학교폭력을 빌미로 학생인권조례에 흠집을 내려 합니다. 하지만 저는 처벌강화와 학생인권조례 둘 모두가 학교폭력에 대한 좋은 대처방안이라 생각합니다.

사실 엄벌과 학생인권조례는 서로 대립하는 것이 아닙니다. 학교폭력에 대한 엄한 처벌은 논리적으로 학생인권조례의 정신으로부터 도출이 가능하다고 생각합니다. 똘레랑스(관용)를 아시지요? 진정한 똘레랑스의 실천자는 똘레랑스를 침해하는 행위에 대해서는 관용하지 않습니다. 마찬가지로 진정한 인권보호의 실천자라면 학교폭력 같은 중대한 인권침해 행위에 대해 오히려 더 엄격해야 한다고 생각합니다. 이렇게 엄벌과 학생인권조례는 양립할 수 있는 것입니다.

엄벌은 학교폭력에 대한 좋은 대책 중 하나입니다. 근본대책이 될 수 없다는 비판이 있을 수 있습니다. 맞는 말입니다. 그런데 근본대책들은 모두 단기간에는 실현 불가능하다는 문제가 있습니다. 입시 위주의 경쟁교육을 극복하는 것이 근본대책이라는 주장을 생각해보십시오. 어떻게 극복하나요? 그것은 우리 사회가 온힘을 기울여도 긴 시간이 걸리는 어려운 일입니다. 이런 식의 답을 학교폭력의 처방으로 말하는 것은 사실상 아무런 대책도 말하지 않는 것과 같습니다.

정부·교육청·학교가 지금 당장 시행해 곧바로 효과를 볼 수 있는 처방은 사실상 처벌강화 외에는 없습니다. 모든 처벌강화 조치가 다 옳은 것은 아니지만 조금만 지혜롭게 가려서 시행하면 처벌강화는 제법 좋은 대책이 될 수 있습니다. 물론 근본처방이 될 수는 없고 효과가 아주 큰 것도 아닙니다. 하지만 당장 실행 가능하면서 이것보다 빠르게 효과를 낼 수 있는 처방도 달리 없습니다.

학교폭력이 문제될 때마다 처벌강화를 대책으로 내놓을 거냐고요? 물론 아닙니다. 처벌이 너무 엄격하다면 엄벌의 효과는 없고 부작용만 생길 테니까요. 하지만 우리나라의 학교폭력에 대한 처벌은 상당히 무른 편입니다. 온갖 사소한 일로 학생들을 규제하는데 그게 무슨 소리냐고 말하는 사람도 있을 것입니다. 하지만 우리나라 학교는 그 '온갖 사소한' 것들을 규제하느라 학교폭력이라는 중대한 잘못에는 물러터지게 된 것입니다. 따라서 처벌이 적정 수준으로 엄해질 때까지 처벌강화는 타당한 대책입니다.

한편, 우리나라에서 학생인권조례 제정은 뒤늦은 감이 있습니다. 우리 학생들의 인권상황이 매우 열악하기 때문입니다. 굳이 조례 제정까지 필요한가 의문을 가질 수 있겠지만 조례 제정은 타당합니다. 우리나라에서는 학생에 대한 인권침해가 주로 학생을 위한다는 명분으로 자행되는 경우가 많습니다. 머리카락 규제부터가 그렇습니다. 주된 명분이 학생의 입시공부를 위해서입니다. 과도한 복장 규제, 방과후에도 학생을 집에 못 가게 하는 강제보충수업과 강제자습 등도 그렇습니다. 사실 그것들로 인해 모든 학생의 입시성적이 좋아지는 것은 아닙니다. 어떤 학생들에게는 오히려 공부에 방해가 되기도 합니다. 그로 인해 대다수 학생들이 받는 고통은 매우 큽니다. 그럼에도 불구하고 이러한 행위들이 끈질기게 지속되는 것은 '학생을 위해서'라는 명분 때문입니다. 이 정도면 법적 강제가 필요한 상황이라 생각합니다. 진즉에 국회에서 법('학생인권법')으로 제정했어야 마땅합니다.

학생인권조례로 인해 학교폭력이 더 증가하는 것은 아닙니다. 단기적으로는 그런 경향이 있을 수 있지만 시간이 지나면 오히려 학교폭력의 감소요인이 될 수 있습니다. 우선 조례로 인한 인권의식의 향상이 학교폭력의 감소요인입니다. 그리고 조례가 정착되면 학교의 관심이 학교폭력에 더 많이 집중될 수 있습니다. 머리카락 등 온갖 자질구레한 것까지 규제하느라 낭비되던 에너지가 절약되기 때문입니다. 무엇보다 조례가 정착되면 학교규율이 권위를 회복할 수 있습니다. 지금의 학교규율은 학생에게 권위를 상실했습니다. 학생들이 죄의식을 느낄 수 없는 시대착오적인 일에 규율을 마구 적용하기 때문입니다. 학생인권조례는 무가치한 일에 학교규율이 적용되는 것을 막아 학교규율의 권위를 높일 수 있습니다. 물론 조례로 인한 학교폭력 감소효과를 과장해서는 안될 것입니다. 그것은 반대방향에서 또다른 과장을 불러올 뿐이기 때문입니다.

그동안 엄벌 대책은 진보진영에 의해, 학생인권조례는 보수진영에 의해 많은 비판을 받았습니다. 진보와 보수는 적절하게 대립하고 갈등하는 것이 맞습니다. 하지만 엄벌과 학생인권조례는 적극적으로 함께하는 것이 옳다고 생각합니다.[9]

학교폭력, 대책은 다다익선

이미 저는 바로 앞에서 학교폭력에 대한 대처방안을 두개나 제시했습니다. 하나는 처벌의 강화이고 다른 하나는 학생인권조례입니다. 처벌강화는 조심스럽게만 하면 좋은 대처방안이 될 수 있습니다. 물론 그렇게 하는 데는 수십개의 세부 방안이 필요할 것입니다. 학생인권조례도 장기적으로 좋은 대처방안이 될 수 있습니다. 이참에 국회 차원에서 '학생인권법'을 제정하는 것도 좋겠습니다. 학생인권조례는 해당 지역에서만 효력을 발휘하는 지방자치단체 차원의 법입니다. 정작 학생인권조례가 더 절실하게 필요한 지역에서는 아직 제정되지 않고 있습니다. 오히려 그나마 상황이 조금 나은 지역에서 제정된 측면이 있습니다. 국가 전체에 적용되는 '학생인권법'이 제정되어야 할 이유입니다.

하지만 이외에도 우리는 학교폭력에 대한 수많은 대처방안을 강구해야 합니다. 수십개가 넘을 수 있습니다. 우리는 그 수십개의 대처방안을 모두 사용해야 합니다. 근본적인 대책이 아니어도 좋습니다.

학교폭력에 근본대책이란 없습니다. 각기 조금씩 효과를 발휘하는 수많은 대책들이 가능할 뿐입니다. 우리는 가능한 모든 대처방안을 동원해야 합니다. 물론 부작용을 고려해야겠지요. 효과에 비해 부작용이 크면 당연히 좋은 대처방안이 될 수 없습니다. 비용도 고려해야 합니다. 너무 많은 비용과 인력이 동원되어야 한다면 실행하기는 곤란하지요. 하지만 그래도 우리는 가급적 모든 방안을 다 동원해야 합니다. 실은 지금까지 말해온 개혁정책들도 간접적으로는 학교폭력에 대한 좋은 대처방안이 될 수 있습니다.

학교의 분업·조직·승진체계를 바꾸어 학교제도를 교육 위주로 만들면 교사들이 학교폭력에 더 효과적으로 대처할 수 있을 것입니다. 교사들이 교무행정업무에서 벗어나게 되면 학교폭력 방지에 더 많은 시간과 에너지를 쏟을 수 있으니까요. 교사의 일 중 학생지도는 교무행정업무가 아니라 엄연한 교육활동입니다. 당연히 학교와 교사가 해야 할 중요한 일입니다. 학교제도가 교육 위주로 바뀌면 당연히 학생지도라는 교육의 질도 높아질 수 있습니다.

학급당 학생 수를 감축하는 것도 학교폭력 대처방안이 될 수 있습니다. 교사들이 학생들 한명 한명에게 더 많은 관심과 눈길을 줄 수 있으니까요.

무학년 학점제 교육과정도 좋은 대처방안이 될 것입니다. 교사의 설명을 조금도 이해하지 못하는 수업을 견뎌야 하는 학생들의 스트레스를 생각해보십시오. 무학년 학점제 교육과정이 시행되면 학생들의 학업 스트레스는 한결 줄어들 것입니다. 그리고 학생들의 스트레스가 줄면 학교폭력 감소효과도 생길 것입니다.

학교 시험에 절대평가제도를 도입하는 것도 학교폭력 감소요인이 될 수 있을 것입니다. 엄밀한 상대평가로 학생들을 줄 세우는 것은 학생들에게 스트레스폭탄을 안겨주는 것과 같습니다. 상당수 학생들에게 열패감과 절망감을 불러일으킵니다. 이러한 시험이 중1부터 고3까지 무려 24번이나 치러집니다. 고3이 끝나갈 무렵 치르는 단 한번의 수능시험보다 학생들에게 더 많은 스트레스를 줍니다.

물론 교과부는 올해부터 절대평가제도를 도입한다고 합니다. 중1부터 시작하여 단계적으로 확대해나갈 방침입니다. 하지만 이것은 엄밀히 말하면 절대평가가 아닌 변형된 상대평가입니다. 등수는 없지만 원점수와 평균점수와 표준편차를 함께 밝히는 상대평가 성격이 강한 평가입니다. 물론 완전한 상대평가보다야 학생들의 스트레스가 덜할 것입니다. 학생 스트레스를 줄인다는 측면에서는 변형된 상대평가도 나름의 의미가 없지 않습니다. 하지만 온전한 절대평가제도가 시행되면 스트레스는 더 많이 줄 것입니다. 그리고 학교폭력 또한 그전보다는 감소할 것입니다.

조금 뒤에 자세히 언급할 등교시간을 늦추는 정책도 학교폭력의 감소요인이 될 수 있습니다. 충분한 수면을 취하면 확실히 짜증이 줍니다. 생체리듬에 맞춰 깊은 잠을 자게 되면 훨씬 기분 좋게 관계를 맺을 수 있습니다. 이것은 누구나 경험하는 것입니다. 저도 어떤 사정으로 잠을 제대로 못 잔 날은 가볍게 한마디 하고 지나갔을 학생들의 작은 잘못을 크게 꾸짖는 경우가 있습니다. 그런 날 저는 마음이 안 좋아 동료교사들에게 '잠만 많이 자도 나쁜 교사는 면할 수 있다'는 농담을 하기도 합니다.

교사의 대응능력을 기르는 것도 학교폭력에 대한 방안일 수 있습니다. 오래전 얘기입니다만, 제가 담당한 반에서 학교폭력이 있었습니다. 한동안 까맣게 몰랐습니다. 사실을 알고 나서 제가 보인 대응 방식은 그야말로 너무나 유치하고 초보적인 차원의 것이었습니다. 지금도 그때를 생각하면 부끄러움이 앞섭니다. 저는 화가 머리꼭대기까지 난 상태에서 교실로 달려들어가 반 아이들을 전부 책상 위에 꿇어앉히고 야단을 쳤습니다. 당장 범인을 그 자리에서 색출하려고 노발대발했습니다. 그 아이를 괴롭히지 않은 학생들도 방관자라며 심하게 화를 냈습니다. 나중에 같은 학교에 근무했던 한 원로 선생님의 젊은 시절 일화를 알게 된 후 저는 그때를 생각하며 참 부끄러웠습니다. 그 선생님의 일화를 들려드리겠습니다.

반장을 불렀다. 절대 비밀로 하겠다는 약속을 하고 몇가지 사실을 확인할 수 있었다. 괴롭히는 방법은 여러 형태였다. 학습 준비물 사오게 하기, 금품 갈취하기, 공연히 툭툭 때리기 등등.

태호가 불쌍했다. 하루이틀도 아니고 그 수백일 동안 녀석의 마음고생이 오죽하였으며, 치가 떨리도록 무서운 집단 틈서리에서 그 지긋지긋한 나날을 어떻게 배겨낼 수 있었는지……

야간자율학습 시간에 주모자 3명을 동시에 불렀다. 전혀 눈치채지 못하게 지각, 결석, 용의, 복장, 학습태도 같은 학교생활 전반에 걸친 얘기를 했다. 앞으로 잘해보자고 간단히 부드럽게 주의만 주고 끝냈다. 며칠 뒤 세 녀석을 다시 불렀다. 녀석들은 별다른 경계하는 기색이 아니었다. '혹시 눈치채면 어떡하나' 하고 내심 걱정하고 있었는데 녀석들의 표정으로 봐서는 전혀 그런 기색이 아니었다. 학교생활이 많이 좋아졌다고 칭찬을 해주고 나서 지망하는 대학에 꼭 진학할 수 있도록 열심히 하자고 약속하였다. 녀석들은 비로소 담임에게 약간이나마 인정을 받고 있다는 사실이 즐거웠던지 싱글벙글하였다. 그때를 놓치지 않고 나는 본론을 끄집어내었다.

태호가 집단괴롭힘을 당하고 있는 것 같은 느낌이 있는데 혹시 너희들은 알고 있는지 조심스럽게 눈치를 살펴가며 물어보았다. 녀석들은 셋 다 모른다고 딱 잡아뗐다. '이런 맹랑한 녀석들이 있나? 눈도 껌뻑이지 않고 잡아뗴다니……' 그러나 셋의 얼굴엔 어두운 그림자가 서려 있었다. 뜻밖이라는 듯 당황하는 눈빛이 역력하였다. 나는 그날 녀석들에게 간곡한 당부를 하였다.

"너희들 학교생활은 내가 지켜줄 테니, 태호는 너희들이 지켜다오."

"………"

"왜 말이 없니? 태호가 불쌍해서 못 보겠다. 잘 봐라. 눈동자가 초점을 잃고 빙글빙글 돌고 있고, 행동에 자유가 없고, 말을 제대로 못하잖아. 너희들은 우리 반을 대표하는 주먹쟁이들 아니냐? 너희들이 태호를 보호하기 시작하면 어느 누구도 감히 태호를 괴롭힐 수 없을 거야."

가만히 듣고 있던 녀석들의 굳어 있던 얼굴이 환하게 밝아졌다. 그러곤 유도 3단 녀석이,

"선생님 제가 태호를 보호하겠습니다."

라고 굳은 결의에 찬 듯이 말하는 것이 아닌가! 이어 돌주먹 녀석이,

"선생님 저도 태호 편이 되겠습니다."

춤꾼도 가만히 있지 않았다.

"저도 태호를 지키겠습니다."

그후로도 녀석들과의 자연스런 대화는 계속되었고, 나는 녀석들에게 세심한 배려와 관심과 격려를 아끼지 않았다. 그리하여 태호를 괴롭히던 졸개 집단은 주먹쟁이 3인방 앞에서는 움쭉달싹 못했고, 태호는 서서히 경계의 눈빛을 풀고 밝은 생활을 되찾았다.[10]

그때 제가 맡은 반에서 학교폭력을 당한 학생은 저를 잘 따르는 아이였습니다. 그 아이를 무시하고 심부름시키고 했던 아이들도 저와 사이가 좋은 아이들이었습니다. 제가 조금만 지혜롭게 행동했으

면 얼마든지 더 바람직하게 해결할 수 있었을 것입니다. 그 선배의 방식을 그대로 따라해야 한다고 주장하는 것은 아닙니다. 교사 한명 한명이 좀더 지혜롭게 행동하면 학교폭력 문제를 훨씬 더 잘 해결할 수 있다는 얘기를 하는 것입니다.

피해자 중심주의적 관점을 넘어서 가해자와 학교에 엄한 책임을 묻는 것도 하나의 방책입니다. 스웨덴의 국립교육청에서 오랫동안 관료로 일한 경험이 있는 황선준 원장은 '프레시안'과의 인터뷰에서 학교폭력을 대하는 스웨덴의 태도를 이렇게 얘기합니다.

'왕따를 당했다, 안 당했다'를 판정하는 것은 왕따 당한 학생이다. 학생이 왕따를 당했다면 학교에서 그 학생이 왕따를 안 당했다고 증명하지 않는 한, 왕따를 당했다고 본다. 왕따를 당한 학생을 학교에서 보호하는 것이다. 성희롱법, 강간법도 마찬가지다. 여자가 강간을 당했다면, 여자가 강간을 당한 것을 증명하는 게 아니라 남자가 강간을 안 했다는 것을 증명해야 강간이 성립하지 않는다. 학교폭력과 왕따도 마찬가지로 법이 아주 단호하게 되어 있다. (스웨덴은 2006년 '차별금지와 동등대우법'을 만들었다.) 학교를 책임지는 지방자치단체는 학생이 왕따를 안 당했다는 것을 증명하지 못하는 한, 왕따를 당한 것이기 때문에 학교가 왕따에 대한 대책을 강구하고 이를 근절하기 위해 노력하지 않았으면 왕따를 당한 학생이 받은 정신적, 물리적 피해를 보상해줘야 한다.[11]

학교를 책임지는 지방자치단체가 왕따를 당했다고 주장하는 학생의 말이 거짓임을 증명하지 못하면 왕따를 당한 학생이 받은 피해를 보상해줘야 한다는 말이 인상적입니다. 앞에서 언급한 처벌 강화가 가해학생에게 강도 높은 책임을 지우는 것이라면 이것은 학교폭력을 방지할 책임이 있는 기관에게 강도 높은 책임을 지우는 것이라 볼 수 있습니다.

우리나라는 그동안 학교폭력의 피해자가 피해사실을 공개하지 못하고 숨기는 경우가 많았습니다. 사실을 알려봐야 별 효력이 없었기 때문입니다. 피해자의 입장에서 생각하는 것, 책임기관에게 책임을 분명히 묻는 것, 이것은 우리가 하루빨리 본받아야 할 훌륭한 대처방안이라 생각합니다.

6

건강한 몸에 건강한 정신이

등교시간을 늦추면 성적이 오른다

4·11 총선기간 중 각 정당의 교육분야 공약을 검토했었습니다. 수많은 공약 중 유독 주목을 끈 공약이 하나 있었습니다. 크고 거창해서가 아닙니다. 오히려 작고 소박해서입니다. 우리 모두는 거창한 정책에만 주목하고 작은 정책에는 소홀한 면이 있습니다. 저 또한 마찬가지입니다. 물론 대한민국의 교육문제를 해결하려면 거대한 정책들이 실행되어야 합니다. 작고 소박한 정책의 한계는 너무나 뚜렷합니다. 하지만 거대한 공약일수록 성공을 거두는 데에는 상당한 시간이 필요합니다. 우리는 작지만 당장에 효과를 볼 수 있는 정책들에도 관심을 가져야 합니다.

제가 주목했던 공약은 정당득표율이 2%에 못 미쳐 정당등록이 취소된 진보신당의 '오전 9시 등교'란 공약입니다. 이 정책의 좋은 점은 학생들의 성적 향상에도 이익이 된다는 점입니다. 우리나라에선 아무리 학생의 건강과 행복에 도움이 되는 것이라도 입시에 손해를 주면 실현되기가 어렵습니다. 하지만 '오전 9시 등교'는 성적에 손해가 되기는커녕 이익을 줄 수 있습니다.

우리는 대부분 일찍 일어나야 공부를 잘한다는 선입견을 가지고 있습니다. 하지만 청소년기에는 늦게 자고 늦게 일어나는 수면주기를 갖게 된다는 연구결과가 언론에 여러번 보도된 바 있습니다. 등교시간을 늦추었더니 학생들의 성적이 향상되었다는 외국 학교의 사례 또한 여러번 보도되었습니다. 작년 11월 MBC뉴스에 영국 멍크시튼(Monkseaton) 고교의 사례가 보도된 것이 대표적입니다.

앵커 세상에 늦잠 자라는 학교가 다 있네요. 성적이 더 오른다는데요. 학생 여러분, 너무 좋아하지는 마세요. 영국 얘기입니다.

기자 보통 영국 학생들이 등교를 시작하는 오전 8시. 하지만 이 학교는 여전히 텅 비어 있습니다. 등교를 시작하는 건 1시간이 훨씬 더 지난 오전 9시 반부터입니다. 수업시작은 10시. 아침잠을 충분히 잘 수 있도록 하기 위해섭니다. 이 학교가 새로운 제도를 도입한 건 지난해부터입니다. 청소년들은 생물학적 신체리듬이 성인과 달리 늦게 자고 늦게 일어나도록 돼 있다는 연구결과를 따른 것입니다.

교장 늦은 등교가 좋다는 건 의학적, 과학적 연구결과입니다.

우리는 20년부터 알고 있던 걸 실천할 뿐입니다.

　기자　새로운 제도가 시행된 뒤 첫시간부터 학생들의 수업 참여도가 눈에 띄게 좋아졌습니다. 1년 전과 비교하면 정부공인 고교졸업시험 성적도 과목별로 최고 34%나 올랐습니다. (2011.11.27. MBC뉴스데스크)

　우리나라 사람들은 학생들의 입시성적을 위해서라면 무엇이든 하려 합니다. 하지만 실제로는 입시에 도움을 주기는커녕 오히려 손해를 주는 행위들을 입시를 빌미로 자행하는 경우가 많습니다. 학생들을 만성적인 수면부족 상태로 몰아넣는 행위가 그 대표적인 것입니다.

　물론 입시공부를 빌미로 학생들이 운동하는 것을 막는 것도 그러한 행위에 속합니다. 운동이 학습에 도움을 준다는 것은 이제 진부한 상식입니다. 운동을 하면 학습과 기억력을 담당하는 뇌영역이 활성화되어 공부 효과가 커진다는 연구결과는 이론의 여지가 없는 학계의 정설입니다. 운동을 해야 체력이 향상되어 더 오래 공부할 수 있고, 운동이 공부 스트레스를 풀어주어 앞으로의 공부에 도움이 된다는 것은 우리의 체험으로도 알 수 있는 것입니다. 지금은 대학생인 제 큰아들은 고교시절 야간자습 시작 전 친구들과 항상 축구를 했었습니다. 그런데 새로 교장이 부임하고부터는 교장의 지시 때문에 더이상 축구를 하지 못하게 되었다고 합니다. 저는 지금도 그 교장이 제 아들의 행복을 침해하는 데만 그치지 않고 아들의 입시공부까지 방해했다고 생각하고 있습니다.

우리나라 고등학생의 등교시간은 상당히 빠른 편입니다. 민선 교육감 시대에 들어와 상황이 좀 나아졌다는데도 아직도 대부분 오전 8시 이전입니다. 오전 9시 등교가 무리라면 다만 30분 정도라도 등교시간을 늦춰보는 것이 어떨까 생각합니다.[12]

학생들이 학교를 싫어하고 있습니다. 학생들은 학교에서 행복하지 못합니다. 운동시간이 부족합니다. 남자아이들을 보면 몸이 근질근질해서 죽겠는 것만 같습니다. 문화·예술을 체험할 수 있는 기회도 너무 적습니다.

물론 이 모든 것의 근원엔 입시가 있습니다. 입시는 모든 교육문제의 근원인 게 확실합니다. 하지만 우리 사회는 문제를 너무 입시탓으로만 돌리는 경향이 있는 것 같습니다. 우리의 나태와 안일과 무지로 인해 발생한 것들까지 입시탓으로 돌려 고치지 않고 있습니다.

저는 입시가 존재해도 우리 아이들이 지금보다 더 행복해질 수 있다고 생각합니다. 입시가 존재해도 학생들이 지금보다 잠을 더 많이 자고, 지금보다 더 많이 운동하는 것이 충분히 가능하다고 생각합니다. 등교시간을 늦추는 것은 그 방법 중의 하나라고 생각합니다. 물론 치열한 입시경쟁이 존재하는 한 그 한계는 뚜렷하겠지만요.

'공포의 외인구단 씬드롬'에서 벗어나자

'공포의 외인구단 씬드롬'이란 말을 들어보셨나요? 처음 들어보셨을 것입니다. 당연합니다. 실은 제가 만든 말입니다. 우리 학생들의 고단함이, 물론 입시경쟁이 더 큰 원인이기는 하지만, 상당부분 우리 어른들의 비합리적인 생각에서 비롯되는 측면이 있다는 얘기를 하려고 만든 말입니다.

잘 아시다시피 『공포의 외인구단』은 만화 제목입니다. 얼마 전 한국만화영상진흥원이 만화 전문가 100명에게 조언을 구해 '한국 만화 명작 100선'을 정할 때 1위를 차지한 작품이기도 합니다.[13] 실패한 인생을 살아가던 선수들이 무인도에 들어가 상상을 초월하는 지옥훈련을 통해 최강의 선수로 재탄생한 후 프로야구단에 들어가 전승을 이루어간다는 얘기이지요.

우리의 정신세계는 이런 얘기들에 감동을 받을 준비가 되어 있는 듯합니다. 인간의 감성세계가 그런 방향으로 진화한 것도 같습니다. 하지만 현실세계에서 선수들이 실제로 그런 훈련을 받았다면 그들은 최강의 선수가 되기는커녕 모두 불구가 되었을 것입니다. 현실세계에서 최고의 선수들은 그런 지옥훈련을 통해 태어나지 않습니다. 오히려 과학적이고 체계적인 훈련을 통해 태어납니다. 그들이 평소에 값진 땀을 흘리는 것은 사실이지만 충분한 휴식과 여가시간을 갖는 것도 사실입니다. 그들은 열심히 노력하지만 몸을 혹사하지 않습니다. 과도한 훈련과 시합으로 몸을 혹사하는 것은 그들의 선수생명을 단축시킬 뿐입니다.

하지만 과학적인 훈련 씨스템에 의해 어떤 선수가 최고의 선수가 되었다는 이야기는 우리에게 별다른 감동을 주지 못합니다. 우리의 정신세계가 그렇게 되어 있는 듯합니다. 물론 이런 정신세계는 결코 이상한 것이 아닙니다. 이것은 병리현상이 아니라 사람의 자연스런 감정현상이니까요.

하지만 이러한 감정체계는 우리 모두에게 필요 이상의 고단함을 안겨줄 수 있습니다. 저는 우리 학생들이 겪는 고단함의 상당부분이 여기에서 비롯된다고 생각합니다. 여러분은 '4당5락'이란 말을 들어보았을 것입니다. 저는 이것이 아무런 과학적 타당성도 없는 미신에 불과한 말이라고 생각합니다. 하지만 우리 마음속 '공포의 외인구단 씬드롬'은 4시간 자면 합격하고 5시간 자면 떨어진다는 말을 그럴듯하게 받아들이게 만듭니다.

학생은 하루 몇시간을 공부해야 최고의 효과를 낼 수 있는 것일까요? 학생마다 다릅니다. 시험을 얼마나 남겨두고 있느냐에 따라서도 다를 것입니다. 하지만 대략적인 가늠을 해볼 수 없는 것은 아닙니다. 입시경쟁에서 승리하려면 가급적 많은 시간 공부해야 하는 것은 분명합니다. 다다익선입니다. 하지만 공부시간이 지나치게 길어지면 공부 몰입도가 떨어질 수 있습니다. 공부할 때의 몰입을 생각하면 학생들은 충분히 자야 하고 충분히 운동해야 합니다. 친구들과 어울려 재미있게 놀기도 해야 합니다.

공부의 양을 너무 늘리면 질이 떨어집니다. 물론 질만 생각하면 양을 지나치게 줄일 수도 있습니다. 최고의 공부성과를 내려면 공부의 양과 질이 적절히 균형을 이루어야 합니다. 하지만 우리 모두는 '공포의 외인구단 씬드롬'의 감성체계를 갖고 있습니다. 공부의 질보다는 양을 강조하는 쪽으로 상당히 편향되어 있습니다. 그래서 우리는 학생들에게 과도한 공부시간을 강요하게 됩니다. 그리고 그 고통을 감수할 것을 요구합니다. 공부의 양을 줄이고 그 질을 높이는 것이 오히려 훨씬 이익이 될 수 있음에도 불구하고 말입니다.

학생들의 건강과 행복을 위해 입시공부를 희생하라는 얘기는 우리나라 상황에서는 귀신 씨나락 까먹는 소리일 수 있습니다. 하지만 우리가 입시공부에 대해 좀더 과학적으로만 생각해도 우리 아이들은 지금보다 더 행복하고 건강해질 수 있습니다.

저희 부부는 아들이 수면을 충분히 취할 수 있도록 배려하는 편입니다. 고1인 둘째아들의 수면시간은 8시간 이상입니다. 중학교 때는 9시간 이상을 재웠습니다. 충분한 수면과 함께 저희 부부가 신경 쓰는 게 하나 더 있습니다. 운동입니다. 저희는 둘째아들이 고등학생이 된 후에도 가급적 운동을 많이 하도록 하고 있습니다. 저희가 자식의 입시공부에는 별로 신경을 안 쓰는 사람들이라서 그럴까요? 입시보다 자식의 행복과 건강만 신경 쓰는 사람들이라서요? 천만의 말씀입니다. 저 또한 제 아들의 입시성적에 관심이 많은 이기적인 학부모입니다. 아내도 그렇습니다. 그런데 저희 부부는 왜 이렇게 할까요?

그것이 입시에 훨씬 도움이 된다고 확신하기 때문입니다. 잠을 줄이고 공부시간을 늘려 얻은 이익은 졸음으로 인해 집중력이 떨어져 보게 되는 손해로 상쇄되어버립니다. 운동을 줄여 공부시간을 늘려 얻은 이익도 마찬가지입니다. 그것은 곧 체력 저하와 스트레스 증가로 인한 손해로 상쇄됩니다. 저는 입시라는 장기레이스에서 충분한 잠과 운동은 오히려 이익이라는 확신을 가지고 있습니다.

저는 이 책을 엄청난 마음의 부담 속에서 썼습니다. 그래도 수면

시간만은 충분히 확보해왔습니다. 술 마시는 시간, 친구 만나는 시간, TV시청 시간, 독서시간(독서는 줄인 게 아니라 아예 전폐하다시피 했습니다), 심지어는 문상 가는 시간마저 줄였지만 잠자는 시간만은 조금도 줄이지 않았습니다. 아무리 조급해도 잠만은 충분히 자려 했습니다. 어떤 때는 졸리지도 않는데 일부러 일찍 잠을 청하기도 했습니다. 산책(걷기운동) 시간도 줄이지 않았습니다. 글을 쓰다가 효율이 떨어질 것 같으면 곧바로 컴퓨터 앞을 떠나 걸었습니다. 질병은 걸리고 난 후에 치료하는 것보다 걸리기 전에 예방하는 것이 최선이라고 합니다. 저는 피로도 그렇다고 생각합니다. 그래서 저는 졸리기 전에 미리 잠을 자서 피로를 예방하려 했고, 글쓰기가 지겨워지기 전에 미리 산책을 해서 집필작업이 참을 수 없을 만큼 버거워지는 것을 예방하려 했습니다. 확실히 많이 자고 많이 걸은 날은 천근만근 버겁기만 한 집필작업이 한결 덜 버겁게 느껴졌습니다. 그런 날은 집필분량도 확실히 많았습니다. 덕분에 이제 무사히 집필을 마칠 수 있을 것 같습니다. (저는 지금 이 부분을 출판사에 원고를 넘기기 며칠 전에 추가로 써넣고 있습니다.)

7

시험문제 하나하나가 중요하다

입시제도도 중요하지만 시험문제 하나하나를 제대로 잘 만드는 것도 중요합니다. 시험문제 하나하나가 학생들의 공부에 미칠 영향까지 생각해야 합니다. 학자들의 공리공론에서 벗어나 현실적이고 실제적 가치를 갖는 문제를 출제해야 합니다.

저는 『교육을 잡는 자가 대권을 잡는다』에서 '수능시험 문제의 겉멋 제거'를 중요한 정책의 하나로 제시한 바 있습니다. 수능시험 출제자들은 되도록 참신한 문제를 내려는 경향이 있는 것 같습니다. 좋게 보면 교육학 이론을 충실히 따르고 있는 것처럼 보입니다. 하지만 그들은 다른 한편으로 참신한 문제를 내야 한다는 도그마에 빠져 있는 것 같습니다. 수능시험에서 참신한 문제를 내는 것이 교육적으로 어떤 의미가 있을까요? 별다른 의미가 없을 수도 있습니다.

학생들로 하여금 문제풀이 연습에 시간을 낭비하게 할 수도 있습니다. 수능시험 문제는 참신하게 내지 말고 오히려 진부하고 단조롭게 낼 필요도 있습니다.[14]

그리고 수능시험 출제 관계자들은 교육학 이론에 지나치게 집착하는 것 같습니다. 교육학 이론에 충실한 것 자체는 나쁜 것이 아니지만 이론은 현실과 유리된 경우도 많습니다. 수능 언어영역에 쓰기(작문) 문제가 계속해서 출제되는 경우가 대표적입니다. 수능시험은 5지선다형 객관식 문제입니다. 진짜 쓰기 문제를 출제하기는 불가능합니다. 사실은 쓰기 문제가 아닌데 그냥 쓰기 문제라고 우기는 것일 뿐입니다. 이런 문제들은 실제적인 가치를 갖는 문제가 아닙니다. 학생들을 위한 문제도 아닙니다. 학자나 한국교육과정평가원 관계자들의 이론적 만족감을 위한 문제일 뿐입니다. 그래서 이런 비판도 생기는 것입니다.

프로이트는 변태의 정의를 이렇게 내렸다. 번식을 위한 성행위에 이르기까지는 직접적인 성행위에 포함되지 않는 다른 요소들이 있는데, 그 주변적인 요소들을 본격적인 행위의 목적으로 삼고 집착하는 것이 변태라고. 잘 빠진 빨간 하이힐은 누구나 섹시하게 생각하지만, 하이힐만 끌어안고 사는 건 변태다. 그런 식으로 보면, 오늘날의 한국 교육은 굉장히 변태적이다. 배운 걸 확인하려는 게 시험의 목적이고, 그것은 더 큰 배움을 위한 수단일 뿐인데, 우리는 시험 치기 위해 공부를 하고 나아가 시험만을 위한 공부를 한다. 예를 들면, 수능 언어영역의 '쓰기' 부분은 실제로 글을 쓰는 행위와는 아무 연관이 없다. '쓰기' 능력을 평가받기 위해 학생들은 글을 직접 써보는 것이 아니라 글의 구조를 맞추는 문제들만을 지독히 많은 시간을 들여 풀어내야 한다.[15]

대한민국 교육이 변태적이라는 비판을 하면서 예를 든 것이 바로 수능시험 언어영역의 쓰기 문제입니다. 그런데 2014년도 수능시험부터는 국어(2014년도부터는 '언어영역'이라 하지 않고 '국어'라 부르게 됩니다)에 쓰기 문제뿐 아니라 말하기(화법) 문제도 존재하게 됩니다. 하지만 수능 언어영역의 쓰기 부분이 실제로 글을 쓰는 행위와는 아무 연관이 없는 것처럼 말하기도 실제 말하는 행위와는 아무런 관련도 없습니다. 말하기 문제를 신설한다고 국어교육이 더 좋은 방향으로 나아가는 것도 아닙니다. 말하기 문제로 인해 학교 수업에서 토론수업이 활성화될 가능성은 전혀 없습니다. 수능에 쓰기 문제가 있음에도 학교 수업에서 글쓰기수업이 활성화되지 않았던 것과 마찬가지입니다. 사실 5지선다형 객관식 문제를 통해 말하기와 글쓰기 능력을 측정하고, 말하기와 글쓰기 수업을 활성화하겠다는 것 자체가 웃기는 발상입니다. 신설된 화법 문제는 그에 대비하는 객관식 문제풀이 수업만을 새로 생기게 할 뿐입니다. 아무런 교육적 효과 없이 학생들만 헛되이 고생시킬 뿐입니다. 현실을 떠난 순수이론의 측면에서는 말하기 문제가 존재하는 것이 타당할지도 모릅니다. 하지만 조금이라도 현실을 염두에 둔다면 5지선다형 말하기 문제의 존재는 눈곱만큼의 타당성도 없습니다. 학생들로 하여금 말하기 능력의 향상과는 아무런 관련도 없는 문제풀이에 헛되이 힘을 쏟게 만들 뿐입니다.

게다가 2014년 수능시험에서는 문법 문제도 강화됩니다. 저는
『국어공부 패러다임을 바꿔라』(사피엔스21 2010)에서 문법 전공교수
들의 로비에 의해 문법 문제 수가 늘어날 수 있음을 염려한 바 있습
니다.

몇년 전 제가 1급 정교사 연수를 받을 때 한 문법 전공교수가 나
와서 문법 문제가 수능시험에 출제되어야 한다고 강하게 주장하는
것을 들었습니다. 그는 수능시험에 문법 문제를 출제하기 위해 문법
교수들이 노력하고 있다는 말도 했습니다. 즉, 로비를 하고 있다는
취지의 얘기였습니다. 제 귀에 그 주장은 학생들의 국어공부를 80년
대로 돌려놓자는 것으로 들렸습니다. 국어공부를 단편적인 지식의
암기로 되돌리려는 주장에 불과했습니다.

그런데 과연 문법 전공교수들의 로비에 의해서인지 아니면 어떤
사정이 있어서인지는 모르겠지만, 어느 때부턴가 수능시험에 문법
문제가 등장하기 시작했습니다. 다행스럽게도(?) 그것은 엄밀히 말
하면 문법 문제가 아니었습니다. 문법지식을 가지고 있어야만 정답
을 찾을 수 있는 문제가 아니고, 형식만 문법 문제처럼 꾸몄을 뿐인
문제입니다.

물론 이런 문제의 출제만으로도 부작용은 적지 않습니다. 이것만
으로도 당장 학생들은 문법공부를 더 많이 해야 한다는 부담을 가질
수밖에 없습니다. 게다가, 실제 수능시험에는 문법지식이 없어도 풀
수 있는 문제가 출제됨에도 불구하고, 학생용 문제집들에는 문법지
식을 암기하고 있어야 풀 수 있는 문제가 많아집니다. 학생들의 불

필요한 부담은 더욱 커집니다.

문법 문제는 수능에서 가능한 한 빨리 사라지는 것이 바람직합니다. 문법 전공교수들의 이익을 위해 학생들이 쓸데없는 어려움을 겪어서는 안됩니다. 만일 문법 전공교수들의 로비가 성공해 수능시험에도 진짜 문법 문제가 출제된다면 수능시험은 과거의 학력고사로 일정부분 퇴행하는 것입니다.

그런데 이 우려가 결국 현실이 될 것 같습니다. 2014학년도 수능시험부터는 문법 문제가 대폭적으로 증가합니다. 얼마 전 한국교육과정평가원이 고2 학생을 대상으로 예비시험을 보았습니다. 저는 그 예비시험 문제를 관심을 갖고 검토했습니다. 전체 문제 수는 줄었는데 한두 문제에 불과하던 문법 문제는 다섯 문제로 대폭 늘어났습니다. 그리고 그 문제들은 이제 상당히 본격적인 문법 문제의 성격을 갖추고 있었습니다. 문법지식을 숙지하고 있어야 안심하고 풀수 있는 문제들이 포함되었습니다. 이제부터 수험생들은 본격적으로 문법공부를 해야 하는 부담을 가질 것이 분명해 보였습니다. 어쩌면 학생들에게 문법이라는 과목이 하나 신설되는 효과를 줄 것처럼도 느껴졌습니다.

학생들의 학습부담을 줄여준다는 취지로 인문계 사회탐구와 자연계 과학탐구에서 과목을 하나씩 축소한 것이 불과 얼마 전입니다. 그래 놓고 화법을 신설하고 문법 문제를 강화하여 학생들의 부담을 다시 늘리고 있는 것입니다. 이왕 학생들의 부담을 다시 늘릴 거라면 문법과 화법을 없애고 그대신 사회탐구와 과학탐구의 과목 수를 원래대로 하는 것이 바람직합니다. 그것이 교육적으로 훨씬 더 가치

있는 일입니다.[16]

이제 우리는 입시제도뿐만 아니라 시험문제 하나하나에 대한 관심도 높여야 합니다. 수능시험 문제를 단순화해서 학생들의 시간과 에너지가 문제풀이 훈련에 과도하게 낭비되지 않도록 해야 합니다. 현실과 지나치게 유리된, 실제로는 교육적 의미를 상실한 문제들이 출제되지 않도록 해야 합니다. 학자나 관료들의 세속적 이익과 자족감을 위해 학생들이 불필요한 고생을 하지 않도록 해야 합니다.

수능시험만이 아닙니다. 대학별 논술고사 문제 또한 제대로 출제해야 합니다. 지나치게 어려우면 안됩니다. 아니, 어렵더라도 제대로 어려워야 합니다. 출제의 편의를 위해 대학에서나 배우게 될 지식을 아무렇게나 활용한 문제를 출제해서는 안됩니다.

수능시험 문제와 논술고사 문제를 제대로 출제하는 것은 큰 비용이 들지 않습니다. 시행이 어렵지도 않습니다. 그리고 그 교육적 효과와 이익은 생각보다 클 수 있습니다.

8

교사평가는 교육능력으로

오해와 혼선

결국 교육은 교사의 몫입니다. 온갖 개혁정책이 제대로 이루어져
도 교사들이 안일하고 무능하면 훌륭한 교육은 이루어질 수 없습니
다. 국민들이 교원평가에 지속적인 관심을 갖는 것은 당연합니다.

그런데 교원평가라는 말은 참 많은 혼선을 불러오는 말입니다. 교
사에 대한 평가제도 전반을 제대로 이해하지 못하는 사람들은 '교
원평가'라는 말을 교사에 대한 평가제도 전체로 받아들입니다. 그래
서 교과부가 교원평가제도를 '도입'한다고 했을 때 보통 사람들은
교사들이 그동안 어떠한 평가도 받지 않아온 속 편한 사람들이라고
생각하게 되었습니다.

그러나 일반적 의미의 교원 '평가'는 오래전부터 있었습니다. 다만 그것을 교원평가라 부르지 않고 '근무평정'이라고 불렀을 뿐이지요. 최근 도입되고 있는 평가제도의 정확한 이름은 '교원능력개발평가'입니다. 하지만 아직도 국민들은 교원능력개발평가보다는 교원평가라는 명칭에 익숙한 것 같습니다. 언론과 교사들도 마찬가지입니다. 이름이야 어찌 되었든, 지금까지도 교원평가는 존재해오던 것입니다.

따라서 새로운 교원평가제도가 도입되면 교원평가는 근무평정과 교원평가, 이렇게 2개가 됩니다. 즉, 이전에는 '교원평가＝근무평정'이던 것이 '교원평가＝근무평정＋교원평가'로 바뀌는 것입니다.[17]

명칭에서도 이미 느낄 수 있지만 현재의 교원평가체계는 필요 이상으로 복잡합니다. 근무평정제도와 교원능력개발평가로 이원화되어 있습니다. 그리고 교장·교감의 평가, 동료교사의 평가, 학부모의 평가, 학생의 평가 등 그 내용도 복잡합니다.

학생이 하는 평가가 바람직하다

교원에 대한 평가는 누가 하는 것이 올바른가요? 상황에 따라 다르겠지만 현재 우리나라 상황에서는 학생이 하는 평가가 상대적으로 가장 바람직하다고 생각합니다. 지금의 현실을 들어 설명해보겠습니다.

'근무평정'에서 최고의 점수를 받으려면 어떻게 해야 하는가? 아부와 순종을 빼고 생각해보자. 수업을 가장 많이 해야 하는가? 아니다. 그럼 수업을 가장 잘해야 하는가? 그것도 아니다. 담임활동을 가장 잘해야 하는가? 아니다. 학생들을 가장 많이 사랑하고 학생들에게 가장 많이 헌신해야 하는가? 아니다. 그럼 이 모든 것에서 골고루 뛰어나야 하는가? 그것도 아니다. 입시에 중요한 과목인 국어나 영어, 아니면 수학과의 대표여야 하는가? 그것은 더더욱 아니다.

우리는 근무평정에서 최고의 점수를 받으려면 대개의 경우 교무행정업무 부서 중에서 가장 큰 부서인 교무부의 부장을 해야 한다는 것을 알고 있다. 예외도 있겠지만 교장이 하는 평가에서 최고 점수를 받는 사람은 학생들의 가장 큰 존경을 받는 교사도 아니고 가장 수업능력이 뛰어난 교사도 아닌 것만은 분명하다.

근무평정의 1등만 그러한가? 우리는 교장의 평가는 대체로 교육에 정성을 기울이는 교사보다는 교무행정업무에 정성을 기울이는 교사에게 점수가 더 후하다는 것을 잘 알고 있다. 그것이 학교 교육에 얼마나 큰 폐해를 주고 있는지도 잘 알고 있다.

그런데 동료교사 간의 평가가 도입된다면 어떻게 될까? 동료교사들도 교육보다는 교무행정업무를 중심으로 해서 교사를 평가하게 될까? 어느정도는 그럴 것이다. 대부분의 교사들이 교무행정업무 중심의 학교문화에 오랫동안 길들여져 있는 상황이기에 상당부분 그러한 측면이 있을 것이다. 그러나 교장의 평가에 비하면 그 정도는 훨씬 덜할 것이다. 아무래도 교사들은 교장에 비하면 더 많이 교육적이고 훨씬 덜 행정적이다.

학생들은 어떨까? 학생들도 교장처럼 교사들이 교무행정업무에 얼마나 정성을 쏟고 있는가에 대해 관심을 가질까? 아니다. 학생들은 교사들이 교무행정업무에 쏟고 있는 정성이나 능력에 대해서는 조금도 관심을 갖지 않을 것이다. 학생들은 교사들의 수업이나 교육활동에만 관심을 기울일 것이다.

이전의 평가(교장에 의한 평가)제도에서 교사는 교육에 완전히 무관심하거나 무능력해도 높은 점수를 받는 것이 가능했다. 교무행정업무에만 관심을 가져도 충분했다. 그러나 학생에게 좋은 평가를 받기 위해서 교사들은 자신의 열정을 오로지 교육에 집중시켜야만 한다. 교육에 정성을 바쳐야 하고 교육에서 능력을 발휘해야 한다.

만약 학생에 의한 평가가 지금 예정되고 있는 것보다 훨씬 더 강화된 형태로 도입되면 근무평정은 설 땅을 잃게 될 가능성이 크다. 근무평정에 토대를 두고 있는 교장승진제도도 흔들릴 가능성이 크다. 교무행정업무를 중심으로 짜여져 있는 학교구조와 제도도 그 존재의미를 의심받게 될 것이다. 교무행정 위주의 학교문화도 변화하게 될 것이다. 학교는 지금과는 현저히 다른 제도와 문화를 강요받게 될 것이다.[18]

물론 학생이 하는 평가가 그중 가장 바람직하다는 것이지 절대적으로 옳다는 것은 아닙니다. 학생이라고 해서 모두가 수업 잘하는 교사에게 높은 점수를 주리라고 기대하는 것은 환상입니다. 학생이 교사에게 기대하는 것은 그야말로 천차만별입니다. 무슨 짓을 하든 그냥 내버려두는 것을 선호하는 학생도 적지 않습니다. 하지만 그래도 교장이 하는 평가에 비하면 훨씬 바람직한 측면이 많습니다.

교장·교감에 의한 평가의 폐해는 수십년 동안 존재해온 근무평정이란 교사평가제도를 통해 입증되었습니다. 근무평정제도는 학교 교육에 기여하기는커녕 학교 교육을 철저히 망쳐온 게 분명합니다. 학생들에게 존경받고 수업 잘하는 교사들이 오히려 평가에서 낮은 점수를 받는 경우가 비일비재했습니다.

학교의 제도개혁이 완수되고 정착될 때까지 교장에 의한 평가인 근무평정제도는 폐지해야 합니다. 교원평가를 교원능력개발평가로 일원화하고, 이는 학생에 의한 평가로만 일원화해야 합니다. 그래야 교원평가가 교사의 교육능력을 향상시키는 방향으로 작용할 수 있습니다.

교육의 가치를 고려한 평가

교사에 대한 평가는 또한 교육의 특수성을 고려하여 신중해야 합니다. 무엇보다 교사들을 경쟁시켜 단기적인 성과를 끌어내려 해서는 안됩니다. 이것은 단순히 교원평가에 대한 교사들의 부담과 불만을 줄이기 위해서 하는 말이 아닙니다. 자칫하면 교원평가가 오히려 교육의 가치를 훼손하는 역효과를 낼 수 있기 때문에 하는 말입니다. 수십년 동안 교육을 망쳐온 근무평정제도에서 교훈을 얻을 수 있습니다. 교원평가는 지나치게 나태하고 안일한 소수의 교사들에게 경각심을 주고 전체 교사들에게는 일정한 긴장감을 주는 방향으로 시행돼야 합니다.

흔히 사람들은 교사들을 혹독하게 경쟁시켜야 사교육을 따라잡을 수 있다고 생각하는 것 같습니다. 학원강사들은 혹독하게 경쟁만 하는 것으로 알고 있습니다. 학원강사들은 능력에 따라 임금 차이가 매우 큰 것으로 알고 있습니다. 하지만 그것은 우리가 소위 단과학원이라고 부르는 학원의 경우에만 해당하는 보수체계입니다. 이른바 '종합반 학원'의 경우는 시간당 강사료가 매우 평등합니다. 명문 종합반 학원들은 흔히 생각하는 것과는 달리 강사들을 무한경쟁으로 몰아넣지 않습니다. 학원들 간의 임금 격차만 있을 뿐 한 학원 안에서는 시간당 강의료가 대개 동일합니다. 학원의 안정적인 분위기, 강사들이 학원에 대해 갖는 소속감 등이 중요하기 때문입니다. 그래야 학생들도 학원에서 심리적 안정감과 소속감을 느낄 수 있기 때문입니다. 임금에 차별을 두려면 강사들의 능력 차이를 객관적으로 입증해야 하는데, 그것이 현실적으로 너무 어렵기 때문인 측면도 있습니다. 학원의 경우도 이러하거늘 학교가 교사들을 무조건 경쟁시키면 어떻게 되겠습니까? 제대로 된 교육이 일어날 리 없습니다.

교사들에게 일정한 긴장감을 주고, 소수의 나태한 교사들에게는 경각심을 불러일으키는 방향으로 평가를 시행하는 것은 교사들을 위해서가 아니라 바람직한 학교 교육을 위해 필요한 것입니다. 우리는 다음과 같은 말에도 귀를 기울여야 합니다.

내적인 보상을 받을 수 있고 사회에 도움을 주는 조직이라면 좀 더 적은 물질적인 인센티브로 충분하다. 이런 환경에서는 '외적인' 물질적 인센티브가 오히려 '내적인' 인센티브를 감소시키는 결과를 가져올 수 있다는 점을 심리학자들은 발견했다. 물질적 인센티브가 강조되었을 경우, 사람들은 타인을 도와줌으로써 혹은 성취감으로부터 얻을 수 있는 만족감보다는 스스로가 단지 돈 때문에 일을 하고 있다고 느끼게 된다. 또한 일이 잘못되었을 경우 주어지는 임금 삭감 같은 물질적 측면의 벌칙이나 해고 등은 도전할 만한 가치가 있는 일을 하고 있다는 성취감을 떨어뜨린다.[19]

9

혁신학교를 어떻게 볼 것인가

혁신학교로 막 첫걸음을 뗀 K중학교의 공개수업을 참관할 기회를 가진 적이 있습니다. 교사의 일방적 강의식 수업이 아닌 학생들이 참여하고 협력하는 수업이었습니다. 수업은 좋은 편이었습니다. 하지만 저는 수업시간 내내 마음의 문을 닫고 의심의 눈초리를 보내고 있었습니다. 남에게 보이는 공개수업은 얼마든지 그럴듯하게 꾸며낼 수 있는 것이니까요. 오늘의 공개수업이 좋았다고 앞으로의 수업도 좋은 수업이리란 보장은 없으니까요. 그래서 저는 마음을 열지 않고 계속 의심의 눈초리로 수업을 지켜보았습니다.

그런데 수업 후 평가회의에서 그런 제 마음이 달라질 수밖에 없었습니다. 평가회의가 시작되자마자 저는 놀랐습니다. 회의가 교장실이나 회의실이 아니라 공개수업이 있던 바로 그 교실에서 열렸기 때문입니다. 수업을 참관한 교사들이 학생들 의자에 죽 앉았습니다. 뭔가 다르다는 게 직감적으로 느껴졌습니다. 이런 모습은 남들에게 보여주기 위해 의식적으로 꾸며낼 수 있는 게 아니기 때문입니다.

교장도 똑같이 학생 의자에 앉았습니다. 교사들 속에 섞여서요. 이 또한 저를 좀 놀라게 했습니다. 보통의 경우 학교에서는 앉은 자리만 보고도 누가 교장인지 알아보게 마련입니다. 상석이란 게 있으니까요. 그런데 여기서는 자리만 보면 교장은 교사들 중의 한 사람일 뿐이었습니다. 교사들의 이야기가 이어지다가 드디어 교장이 말할 차례가 되었습니다. 교장은 자신이 관찰했던 학생들의 이름을 하나하나 불러가며 학생의 수업내용에 대해 얘기했습니다. 교장이 아이들의 이름을 하나하나 거명하는 순간 그야말로 저는 깜짝 놀랐습니다. '어, 교장이 진짜로 교사들과 똑같이 실제적인 교육활동을 하네?'

독자들은 좀 이상하게 생각할 수 있겠습니다. 뭐 그런 것을 가지고 놀라느냐고요. 너무 오버하는 것 아니냐고 생각할 수도 있을 것입니다. 하지만 그날의 K중학교 풍경과 같은 것은 제가 교사가 된 후 처음 보는 광경이었습니다.

잘 아시다시피 혁신학교는 진보교육감의 정책에 의해 만들어진 것입니다. 혁신학교는 열정있는 교장과 교사들의 의지에 힘입어 입시 위주의 획일적 교육을 탈피하고 공교육의 정상화와 다양화를 추구하고 있습니다. 그런데 사실 저는 혁신학교의 앞날을 어둡게 보아온 사람입니다. 지속과 확산이 매우 어렵다고 보았기 때문입니다. 저는 교사 개개인의 열정과 헌신에 너무 많이 의존하는 교육은 오래

지속되고 널리 확산되기 어렵다는 생각을 가지고 있습니다. 그리고 혁신학교는 교사 개개인에게 상당히 많은 열정과 헌신을 요구하는 것으로 알고 있습니다.

혁신학교가 처한 상황은 일반학교와 크게 다르지 않습니다. 우선 학교의 분업·조직체계가 여느 학교와 크게 다르지 않습니다. 일반학교와 마찬가지로 교사들은 교육활동과 교무행정업무를 함께 해야 합니다. 학교의 조직체계는 여전히 교무행정업무를 토대로 이루어져 있습니다. 약간의 개혁조치가 없었던 것은 아니지만 교육활동을 중심으로 조직체계를 완전히 개혁한 혁신학교는 없는 것으로 알고 있습니다. 그것은 개별 학교의 역량을 뛰어넘는 일입니다.

혁신학교의 내신제도 또한 일반학교와 다르지 않습니다. 아니, 완전히 똑같습니다. 혁신학교 또한 다른 학교들처럼 학년별평가에 의한 줄 세우기를 해야 합니다. 초등 혁신학교에 비해 중·고등 혁신학교에서 혁신학교의 교육정신을 구현하기가 훨씬 어려운 이유가 여기에 있습니다.

결국 혁신학교 교사들은 일반학교 교사들과 거의 비슷한 조건에서 교육을 하고 있습니다. 비유하자면 다른 일반학교 교사들과 마찬가지로 네모난 바퀴가 달린 수레를 끌고 있는 것입니다. 네모난 바퀴가 잘 굴러갈 수는 없습니다. 네모난 바퀴를 굴리려면 엄청난 에너지를 투여해야 합니다. 고작 몇미터를 움직이기 위해서도 많은 에너지를 소모해야 합니다.

지금 혁신학교 교사들은 네모난 바퀴가 달린 수레를 끌고 있지만, 그래도 일반학교에 비해 더 먼 거리를 움직인 혁신학교가 많습니다.

물론 혁신학교라고 다 잘하고 있는 것은 아닙니다. 천차만별이라고 들었습니다. 하지만 상당수 혁신학교가 네모난 바퀴가 달린 수레를 끌고 제법 먼 길을 전진한 것은 분명한 사실인 것 같습니다.

그러니 얼마나 많은 헌신과 열정을 바쳤겠습니까. 안타깝게도 우리나라는 아직 네모난 수레바퀴를 둥근 수레바퀴로 교체하는 것에 대한 사회적 합의를 이끌어내지 못하고 있습니다. 그 비용을 대는 것에 주저하고 있습니다. 그래서 혁신학교 교사들은 그 작은 교육적 성과를 내기 위해서 많은 헌신과 열정을 바칠 수밖에 없는 것입니다.

게다가 우리나라의 교장임용제도로는 혁신학교의 교육철학을 이해하고 실천할 만한 교장을 충분히 배출할 수 없습니다. 물론 K중학교의 교장은 권위를 내려놓고 교사들과 함께 실제적인 교육활동을 하고 있습니다. 하지만 그런 모습은 대한민국 교장의 아주 예외적인 모습입니다. 그리고 교장이 마음을 바꿔먹는 순간, 제가 감동했던 그 모습은 순식간에 사라져버릴 수 있습니다. 실제로 혁신학교 교사들은 그런 우려를 적잖이 하고 있다고 합니다.

이런 이유들로 저는 혁신학교의 미래를 어둡게 보아왔습니다. 혁신학교에 자원해서 고생을 사서 하는 교사들을 바라보는 저의 태도에는 약간의 냉소가 섞여 있었습니다. 그러나 K중학교의 수업참관 이후 저는 혁신학교 교사들에게 미안하고 죄송스러운 마음을 갖게 되었습니다. 많은 분들이 대한민국의 학교 교육을 바꾸려고 학교현장에서 저토록 고군분투하고 있는데, 저는 비관적인 생각만 하고 있었다니…… 제가 좀 한심하단 생각이 들었습니다.

이제 제 마음속에서 냉소는 많이 사라졌습니다. 대신 제게는 혁신학교에서 학생을 가르치고 싶다는 욕망이 싹트기 시작했습니다. 혁신학교가 성공하기 위해서는 지금까지 이 책에서 언급한 정책들이 성공을 거두어야 합니다. 그래야 성공할 수 있습니다. 아니, 그렇게 되면 우리나라의 모든 학교가 혁신될 수 있는 유리한 여건이 조성되는 것이겠지요.

책을 마치며

이 책의 원고 수정을 끝낼 즈음 대선주자들의 교육정책이 본격적으로 발표되었습니다. 저는 최근 대선주자들이 내놓은 교육정책과 이에 대한 언론보도 내용을 분석하면서 다음 두가지 사항에 주목했습니다.

첫째는 언론이 순수 교육정책보다 교육복지정책을 더 크게 보도하는 경향이 강하다는 것입니다. 둘째는 언론이 대선주자들이 내놓은 교육정책을 제대로 검증하지 못하고 있다는 것입니다.

첫째. 여기서 저는 순수 교육정책과 교육복지정책을 구별하여 말하고 있습니다. 여기서 제가 말하는 교육정책은 교육과 직접적으로 연관된 그야말로 좁은 의미의 교육정책입니다. 여기서 말하는 교육복지정책은 고교무상교육이나 반값등록금 등과 같은 것입니다. 교육정책이라고도 볼 수 있지만 복지정책이라고도 말할 수 있는 정책입니다.

저는 언론이 교육정책보다 교육복지정책을 종종 더 크게 부각하는 것에 대해 상당히 부정적인 생각을 가지고 있습니다. 고교무상교육 같은 교육복지정책에 반대하기 때문이 아닙니다. 저는 고교무상교육에 반대하는 사람이 아닙니다.

하지만 저는 고교무상교육이 이루어진다 해서 고등학교 교육이 지금보다 더 좋아질 거라고는 조금도 생각하지 않습니다. 고등학교 교육의 발전과 고교무상교육은 서로 비례하는 것도 아니고 반비례하는 것도 아닌, 그냥 별개의 것입니다. 고교무상교육이 이루어지더라도 고등학교 교육은 여전히 지금의 모습 그대로일 것입니다. 그래서 저는 학교 교육의 발전방안을 말하는 교육정책에 비해 고교무상교육 같은 교육복지정책이 더 중요하게 부각되는 현상을 부정적으로 보는 것입니다. 우리는 언론이 교육복지정책을 교육정책보다 더 비중있게 다루는 대표적인 예를 박근혜 후보의 교육정책에 대한 언론보도에서 확인할 수 있습니다.

박근혜 새누리당 대선후보가 지난 7월 17일 발표한 교육정책은 대략 25개 정책으로 이루어져 있습니다. 그런데 그중 박근혜 후보가 가장 중요하다고 생각한 것은 어떤 것일까요? 상식적으로 생각하면 맨 앞에 제시한 정책일 것입니다.

"개별 학교의 자율성을 대폭 강화해서, 학교마다 학생의 소질과 적성을 효과적으로 계발할 수 있는 교육과정을 운영하겠습니다."

역시 맨 앞에 나올 만큼 중요한 정책입니다. 학생의 소질과 적성을 계발하는 교육이 실제로 이루어지게 된다면 우리나라 교육문제의 상당부분이 해결될 테니까요. 그런데 당시 언론은 이 중요한 정책에 크게 주목하지 않았습니다. 주목하긴 했지만 대부분의 언론은 '고등학교 무상의무교육'이란 정책에 더 크게 주목했습니다. 고교무상교육은 14번째로 제시된 정책에 불과한데도 첫번째로 제시된 정책보다 훨씬 더 비중있게 다뤄졌습니다.

이렇게 언론은 순수 교육정책보다는 교육복지정책에 더 주목하는 경향이 있습니다. 하지만 저는 고교무상교육에 비해 학생의 소질과 적성을 살리는 교육이 열배는 더 중요하다고 생각합니다. 그래서 저는 이런 언론의 보도성향에 대해 비판적인 생각을 가지고 있습니다.

물론 언론의 태도를 이해할 수 없는 것은 아닙니다. 순수 교육정책은 대개 내용이 좀 어렵습니다. 상당히 체계적인 설명을 거쳐야만 그 정책의 중요성을 제대로 전달할 수 있는 경우가 많습니다. 반면에 교육복지정책은 상대적으로 그 내용이 쉽습니다. 체계적인 설명을 하지 않아도 그 의미와 가치를 쉽게 전달할 수 있습니다.

이런 까닭에 순수 교육정책은 그 실질적 중요성에 비해 언론에 축소되어 보도되는 경향이 있습니다. 그런데 이러한 축소현상은 이미 대선주자들이 교육정책을 만들 때부터 일어나는 현상입니다. 어떤 정책이 길고 논리적인 설명을 필요로 한다는 것은 이미 그것만으로도 상당히 치명적인 약점을 가진 것입니다. 그런 정책은 중요한 대선정책으로 채택되기 어렵습니다. 대선주자들은 단 몇마디 설명만으로 그 정책의 의미와 가치를 국민들에게 전달할 수 있는 정책을 선호할 수밖에 없습니다. 체계적으로 설명해야 의미와 가치를 국민에게 전달할 수 있는 정책은 대선주자들이 정책을 선택하는 과정에서 버려지거나 하위정책으로 내려갈 가능성이 매우 큽니다.

아시다시피 제가 이 책에서 가장 중요하게 다루고 있는 교육정책은 무학년 학점제(내신제도 개혁과 학생 맞춤형 교육과정의 도입)와 교육 중심 학교제도 구축(교육이 행정에 우선하는 학교, 행정업무가 아닌 교육에 열정을 쏟는 교사)입니다. 과연 대선주자들이 이 정책을 흔쾌히 받아들일 수 있을까요? 저는 쉽지 않을 거라 생각합니다. 무엇보다, 많은 설명을 필요로 하기 때문입니다.

상황이 이러니 대선주자들이 내놓는 교육정책에서 제 제안 같은 순수 교육정책은 그 실질적인 중요성에도 불구하고 비중이 현저히 약화될 수밖에 없습니다. 그렇다면 언론은 대선주자들의 교육정책을 보도할 때 의도적으로 순수 교육정책에 해당하는 것을 더 크게 부각해줘야 합니다. 그래야 겨우 균형을 맞출 수 있습니다. 저는 이 것이 언론이 해야 할 본연의 역할이라 생각합니다. 하지만 제 눈에는 언론이 이러한 역할을 방기하는 것으로만 보입니다.

둘째. 대선주자들의 교육정책에 대한 언론의 검증능력입니다. 앞서 언급한 박근혜 후보의 첫번째 정책이 크게 주목받지 못한 데에는 그 정책이 애매하고 추상적으로 표현된 까닭도 있습니다. 아마도 기자들은 그 첫번째 정책을 실현가능성 없는 립서비스에 불과하다고 여겼을 수도 있습니다. 사실 저도 처음엔 그렇게 생각했습니다. 너무 막연하고 추상적이라 국민들 듣기 좋으라고 하는 말로밖에는 생각할 수 없었습니다.

사실 학교마다 학생의 소질과 적성을 효과적으로 계발할 수 있는 교육과정을 운영하겠다는 것은, 너무나 좋은 얘기라서 시비를 걸 수 없습니다. 여기서는 어떤 구체적인 얘깃거리를 끄집어내기 어렵습니다. 그래서 기자들은 '학생의 소질과 적성을 효과적으로 계발할 수 있는 교육과정의 운영'보다 고교무상교육 같은 정책에 더 많이 끌렸을 수도 있다고 생각합니다. 아무튼 고교무상교육이란 정책은 구체적이고 실제적이니까요.

하지만 조금만 자세히 보면 박근혜 후보가 이 정책을 추상적으로만 표현한 것이 절대 아니란 걸 알 수 있습니다. 분명히 구체적이고 실질적인 내용도 함께 제시했습니다. 이에 주목하지 않은 것은 언론의 잘못입니다. 우리는 이 교육정책을 대하는 언론의 모습을 통해 교육정책에 대한 언론의 낮은 인식수준을 확인할 수 있습니다.

사실 학교마다 학생의 소질과 적성을 효과적으로 계발할 수 있는 교육과정을 운영하는 것은 매우 어려운 일입니다. 어쩌면 수십가지의 세부적인 정책방안이 유기적으로 결합되어야 성공할 수 있을 것입니다. 그렇다면 그 수십가지의 세부적인 정책방안 중 상대적으로 제일 중요한 것은 무엇일까요? 박근혜 후보는 '개별 학교의 자율성 대폭 강화'라는 방안을 명확하게 제시했습니다.

그렇다면 우리는 그의 교육정책을 이렇게 정리해볼 수도 있을 것입니다. '교육과정에 대한 개별 학교의 자율성을 대폭 강화하는 것.' 추상적이고 애매한 부분을 제쳐놓고 실제적인 부분을 중심으로 정리해놓고 보니 박근혜 후보가 제시한 25개 정책 중 첫번째로 제시한 정책은 상당히 구체적인 내용을 가진 정책입니다. '교육과정에 대한 개별 학교의 자율성 대폭 강화', 얼마나 구체적이고 명확합니까?

그렇다면 언론은 이 정책에 대해 어떤 식으로든 판단과 평가를 했어야 합니다. 하지만 모든 언론은 이에 대해 침묵했습니다. 그 정책이 어떤 결과를 가져올지에 대해 아무런 검증도 하지 않았습니다. '교육과정에 대한 개별 학교의 자율성을 대폭 강화'하는 것은 매우 위험한 정책임에도 불구하고 말입니다.

저는 방금 이것이 매우 위험한 정책이라 말했습니다. 물론 학생의 소질과 적성을 살리겠다는 정책목표는 더할나위 없이 훌륭합니다. 하지만 그 목표를 실현하기 위해 제시한 방안은 완전히 엉터리입니다. 학교의 제도, 학교의 작동방식에 대해 철저히 무지하다고밖에는 볼 수 없습니다. 지금의 상황에서 교육과정에 관한 개별 학교의 자율성이 대폭 강화되면 학생의 소질과 적성이 계발되기는커녕 오히려 크게 억압당할 수 있습니다. 교육과정이 상위권 대학에 진학하려는 성적 상위권 학생을 위주로 운영될 수밖에 없기 때문입니다.

지금의 상황에서 학교에 교육과정 운영의 자율권이 대폭 주어지면 학교는 전체 학생을 대상으로 국·영·수 과목의 수업시간을 일률적으로 늘릴 가능성이 매우 큽니다. 1부의 무학년 학점제에서 말했듯이 상위권 대학이 입시에서 국·영·수 과목의 성적 전부를 비중있게 반영하는 상황에서는 필연적으로 일어날 수밖에 없는 일입니다. 상위권 학생을 위해 하위권 학생을 들러리노릇 시키는 짓이라 비판해도 어쩔 수 없습니다. 예컨대 전문대에 진학하는 상당수 학생들은 국·영·수 세 과목 중 한 과목만 공부해도 대학 진학에 별 지장이 없다고 아무리 항변해도, 학교는 그 항변에 귀를 닫을 것입니다.

그것은 가볍게 욕하거나 비판할 수 있는 일이 절대 아닙니다. 지금의 내신제도에서 학교는 그렇게 작동할 수밖에 없습니다. 제아무리 훌륭한 사람이 교장이 되더라도 그럴 것입니다. 그리고 그것은 교장 개인만의 문제도 아닙니다. 교장이 교사들과 민주적인 협의를 거쳐 결정을 내려도 비슷한 결과를 가져올 가능성이 큽니다. 그동안 교육부건 교육청이건 학교에 자율성을 부여해야 한다는 당위성과 국·영·수 과목이 과도하게 많아져서는 안된다는 또다른 당위성 사이에서 갈피를 잡지 못하고 있던 이유가 여기에 있습니다.

그렇다면 어떻게 해야 학생들의 소질과 적성을 살리는 교육과정을 운영할 수 있을까요? 저는 이 책에서 무학년 학점제를 대안으로 제시했습니다. 물론 언론은 저와 다른 생각을 가지고 있을 수 있습니다. 하지만 아무튼 언론은 '교육과정에 대한 학교의 자율성을 대폭 강화'하는 것이 타당한지, 아니면 제가 생각하는 것처럼 오히려 학생의 소질과 적성을 억압하는 결과를 낳을 뿐인지 나름대로 판단하고 검증했어야 합니다. 하지만 그렇게 하지 않았습니다. 추상적이고 애매한 부분만 웬만큼 언급했을 뿐 정작 중요한 실제적이고 구체적인 부분에 대해서는 아무런 언급도 하지 않았습니다.

중요하지 않으니까 그렇다는 것은 변명입니다. 그것은 박근혜 후보가 제시한 25개 정책 중 첫번째 정책입니다. 어쩌면 가장 중요하게 생각하는 정책일 수 있습니다. 만일 박근혜 후보가 대통령이 된다면 제일 먼저 실행에 옮길 수도 있는 정책입니다. 언론은 이런 정책에 대해 침묵했던 것입니다. 저는 교육정책에 대한 언론의 인식 부족을 탓할 수밖에 없습니다. (저는 이 책의 원고를 출판사에 넘긴 후 제가 기고하는 『한국일보』 칼럼에서 이에 대한 얘기를 해볼 작정입니다.)

저의 책이 이러한 편향을 바로잡는 데 조금이라도 기여할 수 있었으면 좋겠습니다.

1) 이기정 『내신을 바꿔야 학교가 산다』, 미래인 2008, 94~95면.

2) 같은 책 35~36면.

3) 김덕영 『입시 공화국의 종말』, 인물과사상사 2007, 282~87면.

4) 같은 곳.

5) 바깔로레아(통칭 바끄bac)는 프랑스의 대입 자격시험으로 합격한 학생에게 대학 입학자격이 주어지며 절대평가제이다. 우리나라의 수학능력시험에 해당한다고 할 수 있다. 철학논술 시험을 필수로 하는 것으로 유명하다. 나뽈레옹 시대인 1808년에 시작되어 약 200년 가까운 역사를 가지고 있으며, 철학논술 시험문제는 학생뿐 아니라 전국민의 관심사가 되고 있다. 대학 교수가 아닌 현직 교사들이 출제한다고 알려져 있다. 위키백과 참조.

6) 아비투어는 독일과 핀란드에서 2차교육과정(우리나라 고등학교 과정)을 마칠 때 보는 시험이다. 아비투어의 공식 명칭 "Zeugnis der allgemeinen Hochschulreife"는 '대학입학 종합자격' 또는 '고등교육 전체적 원숙도 자격'으로 번역된다. 아비투어는 12년 내지 13년 교육을 받은 후 보게 되며 이때 학생의 나이는 18~20세 정도이다. 고등학교 졸업자격고사의 성격을 가지며 합격하면 같은 이름의 자격증을 발급하는데, 여기에 등급이 적혀 있어 대학에 배치될 때 사용된다. 이 시험과 합격자격증은 고교 졸업증명서이자 대학 입학시험의 의미가 있다. 위키백과 참조.

7) 학교 시험은 상당부분 과거의 학력고사를 닮았다. 그런데 그 정도가 중학교의 학교 시험이 고등학교 시험보다 훨씬 더 심한 것 같다. 고등학교는 그래도 수능시험의 영향을 받아 학교 시험이 수능시험의 패러다임을 어느정도 따르고 있다. 그런데 중학교 시험은 수능시험의 영향을 적게 받아선지 고등학교보다 오히려 더 학력고사 패러다임에서 벗어나지 못하고 있다. 입시 영향이 적으므로 입시를 넘어선 고차원적 시험으로 가야 함에도 불구하고 오히려 입시 부담이 적은 데 안주하여 과거의 패러다임을 그대로 유지하고 있는 것이다.

8) 에밀 자또뻬끄(Emil Zátopek)의 말이다. 그는 체코슬로바키아 대표로 1948, 1952, 1956년 올림픽에 참가하여 각종 기록을 세우며 당대 최고의 장거리 달리기선수로서 '인간기관차'라는 별명을 얻었다. 1951년에는 최초로 20킬로미터 달리기에서 1시간대의 장벽을 넘었고 1954년에는 최초로 1만 미터 달리기에서 29분의 장벽을 넘었다. 위키백과 참조.

9) '한국교육과정평가원·한국교육개발원·한국교육평가학회'가 주최한 '고등학교 교육력 제고를 위한 대토론회'(2010.7.30) 연구자료 중 9~24면 내용을 정리

한 것이다. 이 자료를 보면 중국과 일본도 제한적이지만 어느정도 무학년 학점 제를 시행하는 것으로 나타나 있다. 일본의 무학년 학점제는 일반계 고등학교 가 아닌 단위제 고등학교에서 시행되고 있다. 일반계 고등학교는 학교교육법시 행규칙에 의해 각 학년마다 과정 수료를 인정받아야 하지만, 단위제 고등학교는 학년에 의한 교육과정을 구분하지 않는다고 한다.

10) 후쿠다 세이지『핀란드 교육의 성공』, 95면.

11) 이기정「교육의 2013년 체제를 만들자」,『창작과비평』2012년 봄호.

12) 고교생들은 학교교사보다 학원강사가 더 잘 가르치고 입시 준비에도 도움이 된다고 생각하는 것으로 조사됐다. 학생들은 또 의사소통과 인성교육도 학원 강사가 낫다고 평가했다. 이같은 결과는 18일 본지가 입수한 한국교육개발원 (KEDI)의 '고교생 학업생활과 문화 연구조사' 보고서에서 드러났다. KEDI는 지난해 6월 전국 107개 고교생 1만 300여명 중 사교육을 받았다고 밝힌 6600명 을 대상으로 교사·강사의 ▶교과 전문성 ▶수업충실성 ▶인성교육 등 14개 항목 (7점 만점)에 대한 인식조사를 해 최근 보고서를 내놨다. 그 결과 모든 항목에서 강사가 교사보다 높은 점수를 받은 것이다. '수업에 대한 열의' 평가에서 학원강 사는 평균 5.01점을 받아 교사(4.32점)를 앞섰다. 과목 전문성과 수업을 충실히 하는지에 대해서도 학생들은 학원강사가 더 우수하다고 응답했다. 수업만족도 역시 학원강사가 교사에 비해 1점 이상 높았다. 입시정책의 변화를 수업에 잘 반 영하는지와 관련해 학원강사는 5점을, 교사는 4.02점을 받았다. 특히 학생의 의 견을 존중하는지, 마음은 잘 이해하는지를 묻는 항목에서도 학원강사의 점수가 교사보다 1점 이상 높았다. 연구 책임자인 최상근 KEDI 연구실장은 "학업과 인 성 등에서 학원강사가 더 큰 영향을 미쳤다고 단정할 수는 없지만 교사들이 자 극을 받아야 하는 연구결과"라고 설명했다. 중앙대 이성호(교육학) 교수는 "강 사들은 학생 눈높이를 맞추지 못하면 살아남을 수 없지만 교사들은 그렇지 않 다"며 "학생의 학업성취도를 교사 평가에 반영해야 한다"고 말했다. 그러나 서 울의 한 고교 교사는 "수업은 물론 학생지도, 행정업무가 많은 교사를 학원강사 와 비교하는 것 자체가 무리"라고 비판했다.『중앙일보』2010.2.20.

13) 이기정, 앞의 글.

14) 이기정『교육을 잡는 자가 대권을 잡는다』, 인물과사상사 2011, 32면.

15) 가라타니 고진, 송태욱 옮김,『일본정신의 기원』, 이매진 2006, 141면.

제2부 ─────

1) 이기정『교육을 잡는 자가 대권을 잡는다』, 70~71면.

2) 이기정 『학교개조론』, 100~101면.

3) 같은 책 216~18면.

4) 『한국일보』 2012.3.7.

5) 이기정 『교육을 잡는 자가 대권을 잡는다』, 52면.

6) 『한국일보』 2012.3.8.

7) 조지프 히스, 노시내 옮김 『자본주의를 의심하는 이들을 위한 경제학』, 마티 2009, 229면.

8) 이기정 『학교개조론』, 206~209면.

9) 같은 책 124~25면.

10) 지금까지의 얘기는 주로 공립학교를 염두에 두고 한 것입니다. 사립학교의 교장임용은 사학재단이 교장임용에 전적인 권한을 행사한다는 면에서 공립학교의 교장임용제도와는 다릅니다. 그래서 사립학교의 경우에는 이사장의 친인척이 교장이 되는 경우가 적지 않습니다. 혹은 친인척이 아니더라도 이사장에 맹목적인 충성을 바치는 사람이 교장이 되는 경우가 많습니다. 사립학교 교장과 직원들은 사학재단 이사장의 허수아비일 뿐이라는 지적까지 나오는 상황입니다. 임용방식은 달라도 학교 구성원 전체의 존경과 인정을 받는 사람이 교장이 될 수 있는 제도와 씨스템이 미비한 것은 사립학교나 공립학교나 마찬가지인 것입니다.

제3부 ──────────

1) 『한국일보』 2012.4.18.

2) 『매일경제신문』 2010.9.21.

3) 현재 중학교 1학년이 고교에 입학하는 2014학년도부터 고교 내신이 상대평가에서 절대평가로 바뀐다. 이에 따라 우수한 학생들이 몰려 내신이 불리했던 특수목적고, 자율형사립고 학생들이 입시에서 유리해질 것으로 예상된다.

　　교육과학기술부는 13일 이러한 내용의 '중등학교 학사관리 선진화 방안'을 발표하고, 2012~2013학년도 시범운영을 거쳐 2014학년도에 전면 시행할 계획이라고 밝혔다. 교과부는 "현행 상대평가 제도가 학생들의 경쟁을 부추기며 미래사회에 필요한 협동학습과 창의·인성 교육을 저해한다"며 전환 이유를 밝혔다.

　　이 방안에 따르면 학교생활기록부에 석차에 의한 1~9등급 대신 A-B-C-D-E-F의 6단계 성취도 수준이 표기된다. 성취율로 A는 90% 이상, B는 80~90%, C는 70~80%, D는 60~70%, E는 40~60%, F는 40% 미만으로 평가하도록 했다. 또한 시험의 난이도와 점수분포 등을 알 수 있도록 원점수와 과목평균점수, 표준편차가 함께 기재된다. 최하위 F를 받을 경우 해당 과목을 다시 수강하게 하는

'재이수제'는 2013학년도에 시범운영한 뒤 2014학년도에 도입 여부를 검토하기로 했다.

마이스터고와 특성화고는 실습 비중이 높은 전문교과를 배우는 점을 감안해 내년 신입생부터 절대평가제를 바로 도입한다.

이미 절대평가를 하고 있는 중학교는 내년 신입생부터 현재 성적표의 수-우-미-양-가 표기를 A-B-C-D-E-F로 바꾸고, 과목별 석차를 삭제하는 대신 고교와 마찬가지로 원점수, 과목평균, 표준편차를 함께 표기한다.

교육계에선 절대평가의 취지와 방향에 대해 긍정적으로 평가하면서도 특목고와 자사고 쏠림현상, 고교의 내신부풀리기 등 부작용을 우려하고 있다. 동훈찬 전국교직원노조 참교육연구소장은 "방향은 옳지만 완전한 고교평준화를 전제로 도입돼야 할 사안"이라며 "자사고 등 정부가 추진하고 있는 고교다양화 정책과 절대평가의 도입은 서로 모순된다"고 지적했다. 입시학원 이투스청솔의 오종운 평가이사는 "내신이 절대평가로 바뀌면 대학별 고사의 비중이 더욱 커질 것이며 다소 위축됐던 특목고와 자사고의 입학경쟁이 다시 치열해질 것"이라고 내다봤다. 『한국일보』 2011.12.14.

4) 이기정『교육을 잡는 자가 대권을 잡는다』, 40면.

5) 위키피디아 참조.

6) 이기정『내신을 바꿔야 학교가 산다』, 114~15면.

7) 이 시험에는 10여면에 이르는 책자 형식의 텍스트 자료가 제시된다고 한다. 황선준 원장이 예로 든 문제들의 텍스트 자료는 "경계점에서"란 제목의 책자이다.

8) 이기정『내신을 바꿔야 학교가 산다』, 7면.

9) 『한국일보』 2012.2.15.

10) 김봉천『이별연습』, 가가 2003, 74~78면.

11) 황선준 '프레시안' 인터뷰(2012.4.25) www.pressian.com/article/article.asp?article_num=10120504153844

12) 『한국일보』 2012.5.9.

13) 『서울신문』 2012.4.23.

14) 이기정『교육을 잡는 자가 대권을 잡는다』, 125~26면.

15) 『경향신문』 2008.8.21. 이 글은 당시 대학생이던 이웅소의 글입니다.

16) 『한국일보』 2102.5.30.

17) 이기정『내신을 바꿔야 학교가 산다』, 180~81면.

18) 같은 책 191~93면.

19) 배리 J. 네일버프 외, 이건식 옮김『전략의 탄생』, 쌤앤파커스 2009, 593면.

교육대통령을 위한 직언직설
현장에서 제안하는 공교육 살리기 어젠다

초판 1쇄 발행 / 2012년 9월 14일

지은이 / 이기정
펴낸이 / 강일우
책임편집 / 김정혜
펴낸곳 / (주)창비
등록 / 1986년 8월 5일 제85호
주소 / 413-120 경기도 파주시 회동길 184
전화 / 031-955-3333
팩시밀리 / 영업 031-955-3399 편집 031-955-3400
홈페이지 / www.changbi.com
전자우편 / human@changbi.com
인쇄 / 한교원색

ⓒ 이기정 2012
ISBN 978-89-364-8577-1 03370